사람의 마음을 얻는 유쾌한 에너지
We succeed only if we do the greet good

인사

인사
사람의 마음을 얻는 유쾌한 에너지

1판 1쇄 발행 2007년 9월 10일

지은이 김태광
펴낸이 엄건용
북디자인 이혜경디자인

주소 121-842 서울특별시 마포구 서교동 469-5 정서빌딩 405호
전화 02)337-7253
팩스 02)337-7230
등록번호 제 313-89-204-000145호 (2004.8.7)
E-mail namubook@naver.com
ISBN 978-89-955427-9-8
정가 9,500원

ⓒ나무처럼 2007

이 책의 저작권은 나무처럼 출판사에 있으며 무단전재와 복제를 금합니다.
책 내용의 전부 또는 일부를 사용하려면 반드시 서면 동의서를 받아야 합니다.

잘못된 책은 바꿔드립니다.

이 도서의 국립중앙도서관 출판시도서목록 (CIP)

> e-CIP홈페이지(http://www.no.co.kr)에서 이용하실 수 있습니다
> 인사 : 사람의 마음을 얻는 유쾌한 에너지 / 김태광 지음 ― 서울 :
>   p. ;   cm
>   ISBN 978-89-955427-9-8 03320 : ₩9500
>
> 385-KDC4
> 177.1-DDC21   CIP2007002589

인사

사람의 마음을 얻는 유쾌한 에너지
We succeed only if we do the greet good

김태광 | 지음

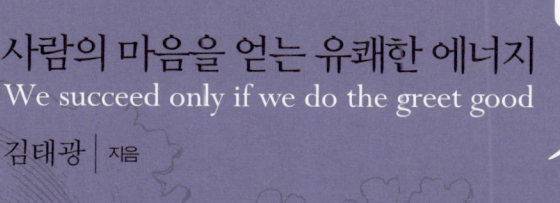

나무처럼
Namubooks

머리말

인사가 인생을 바꿀 수 있다면

    인간의 만남은 인사로 시작되고 인사로 끝난다!

    인사 바로 '사람의 일人事'이자 '사람이면 당연히 해야 하는 도리이다. 우리가 어린 시절부터 인사성이 밝아야 한다는 교육을 받고 어른이 되어서 다음 세대에게 또 이를 강조하는 것은, 바로 인사가 인간의 삶에서 가장 기본이 되는 일이기 때문이다. 인사가 기본이기는 하지만 누구나 다 인사를 잘하는 것은 아니다. 왜냐하면 '기본 자체가 곧 성공'이라고 할 정도로 기본을 갖추는 것은 쉽사리 할 수 있는 일이 아니기 때문이다.

    매일 수없이 많은 사람을 만나는 비즈니스맨의 경우에도 인사는 가장 어려운 것 중 하나라고 한다. 그래서 미국 유명 대학에 개설되어 있는 MBA 과정에서도 인사는 개강 이후 제일 처음 배우는 과목이라고 한다. 그만큼 기본이 중요하다는 것을 일깨우려는 의도일 것이다. 인사라는 기본을 몸에 익히는 것은 이렇듯 쉬운 일이 아니다. 우리가 매일처럼 인사를 하지만 결코 잘 한다고 하기 어려운 이유가 여기에 있는 것이다.

 인사에는 반가움, 나눔, 겸손, 존중, 감사, 축복, 희망, 칭찬, 배려, 친절, 연대 등의 의미가 담겨 있다. 인사에 그런 마음이 구체적인 모습으로 표현되기 때문에 소홀하지 않아야 하며, 몸에 배도록 노력해야 한다. 그렇게 기본을 이루면 전부를 이룬 것이고, 그런 기본은 곧 성공으로 가는 열쇠이다.

 '인사만 잘해도 성공한다.'
 '인사는 곧 성공이다.'

 특유의 강력한 리더십과 우직한 성품으로 미국 역사상 가장 위대한 대통령으로 평가받는 루스벨트 대통령의 어릴 적 별명은 '인사 잘하는 아이'였다고 한다. 어릴 때부터 몸에 밴 그의 인사성은 재임 당시 백악관 직원들, 특히 청소부들의 이름까지 일일이 기억하고 먼저 인사를 건넨 것으로도 유명하다. 청소부들의 감동이 얼마나 컸을지 굳이 말하지 않아도 짐작할 수 있을 것이다. 감동은 사람의 마음을 움직인다. 사람들은 이런 따뜻한 인간성이 있기에 그가 대통령에 재선은 물론 미국 역사상 최초로 삼선에 성공했다고 말한다.

이 책에는 기본적인 인사법과 함께 그것을 현실적으로 적용하고 활용할 수 있는 구체적인 사례들이 풍부하게 소개되어 있다. 또한 인사를 통해 사람들의 마음을 얻고 따뜻한 인간관계를 형성할 수 있는 실천적인 지침들도 제시되어 있다. 따라서 이 책에서 이야기하는 내용을 자신의 것으로 소화하고 익힌다면, 자신의 삶이 긍정적으로 변할 뿐 아니라 인간관계에서도 큰 성공을 거둘 것이다.

인간관계에서든 비즈니스에서든 성공은 사소한 습관의 변화에서 비롯된다. 인사 습관이 10% 변하면 인생은 100% 달라질 것이다. 인사는 '사람의 마음을 얻는 유쾌한 에너지'이다. 이제 누구보다 자신을 위해 가족과 친구, 직장 동료, 이웃들에게 활기찬 인사를 건네보자. 인사는 결코 당신을 저버리지 않고 마치 부메랑처럼 당신에게 관심과 배려, 애정으로 되돌아올 것이다. 인사야말로 사람의 마음을 얻는 도구라는 것을 잊지 않기 바란다.

2007년 8월

contents

머리말 · 인사가 인생을 바꿀 수 있다면　　　　　　　004

01 | 인사의 발견

인사란 무엇인가?　　　　　　　　　　　　　　　015
인사는 인간관계의 기본이다　　　　　　　　　　019
인사는 사람을 감동시키는 힘이 있다　　　　　　022
긍정의 에너지를 만드는 활기찬 인사　　　　　　026
돈 한 푼 안 드는 훌륭한 홍보 수단　　　　　　　030
개성이 담기는 인사의 매력　　　　　　　　　　　033

02 | 인사의 의미

낯선 사람에 대한 경계를 풀어준다　　　　　　　039
하고 또 하라! 다르게 또 다르게　　　　　　　　043
송종국 대리 소개를 받고 왔습니다!　　　　　　　047
만일 그에게 밝게 인사하는 습관이 배어 있지 않았다면?　051
신뢰의 표시　　　　　　　　　　　　　　　　　054
사람을 자석처럼 끌어당기는 힘　　　　　　　　　058

03 | 인사의 기본

상대의 마음을 훔쳐라	065
칭찬을 곁들이면 인사가 맛있어진다	069
다시 가고 싶지 않은 식당과 다시 만나고 싶지 않은 남자의 공통점	074
인사하고도 욕먹는 사람이 되지 마라	079
마무리 인사를 잊지 마라	083
상대방을 끌어당기는 관심어린 인사	086
고개만 까딱하지 말고, 머리를 숙여보라!	089

04 | 인사의 기술

내가 먼저 하라	095
밝고 부드럽게 하라	099
정성을 다해서 하라	102
진정한 인사는 대가와 상관없다	105
칭찬은 인사의 완성이다	109
유머를 곁들여라	113
스킨십을 적절히 활용하라	118
또 하나의 인사, 악수	122
인사도 꾸준한 연습이 필요하다	125

05 | 인사의 기적

인사만 잘해도 성공한다   131
인사는 생활의 활력제다   135
사람의 마음을 얻는 인사의 마력!   138
밝은 인사는 성공을 부른다   141
인사는 행운을 끌어당긴다   145
명함 한 장에 내가 들어 있다   151
친절한 인사가 가져오는 것   155
행복을 부르는 주문   158
Y 사장의 성공 비결   162
원만한 인간관계를 이루는 법   166

06 | 일상 속의 인사

인사는 집 안에 웃음꽃이 피게 한다   171
오늘 하루 우리에게 주어진 삶에 대한 감사의 인사   175
음식, 생명을 살리는 고마운 존재에 대한 감사의 인사   179

미소는 사람을 내 편으로 만든다	184
첫인상 좋게 하는 인사	188
인사만 잘해도 반은 먹고 들어간다	192
다음 만남을 기약하는 인사	197
타인에게 호감을 사는 전화 예절	202

01 인사의 발견

인사란 무엇인가?
인사는 인간관계의 기본이다
인사는 사람을 감동시키는 힘이 있다
긍정의 에너지를 만드는 활기찬 인사
돈 한 푼 안 드는 훌륭한 홍보 수단
개성이 담기는 인사의 매력

사람들은 무언가 별다른 보물을 찾아 이리저리 헤매지만,
보물은 바로 우리 눈 앞에 있다.
바로 지금 이 순간이 더없는 보물이다.
사람들은 어느 곳에 재물이 떨어져 있다면 길이 멀어도 주으러 가면서
바로 제 발 밑에 있는 보물을 발길로 차버리고 지나친다.
눈을 떠라! 기웃거리고 다니기 전에 먼저 그대 마음의 눈을 닦아라!
행복의 열쇠는 바로 그대 발 앞에 있다.

― 데일 카네기

1. 인사란 무엇인가?

두 가지 삶이 있다. 한 가지는 기적 같은 건 없다고 믿는 삶.
또 한 가지는 모든 것이 기적이라고 믿는 삶.
— 앨버트 아인슈타인

    우리는 일생 동안 수많은 사람들과 만나고 매번 인사를 나눈다. 직업에 따라서는 하루에도 수백수천 번씩 인사를 하는 사람도 있고 그렇게 매일 하는 인사를 잘하는 사람은 의외로 많지 않다. 너무나 평범해서 그 가치를 알기 어렵기 때문이다. 불치병에 걸리기 전까지는 평범한 하루의 가치를 알지 못하는 것과 같은 이치이다.

    '인사하기'가 어려운 일이 아니지만 쉬운 일도 아니다. 특히 비즈니스맨들에게 인사는 대단히 중요하다. 그래서 인사는 교육 프로그램의 중요 매뉴얼이며 때로는 특별교육을 하기까지 한다. 기본기를 몸에 익히기 위해서이다. 기본은 매우 중요하다. 그리고 매우 어렵다. 그래서 쉬워 보이는 인사이지만 몸에 익히는 것은 참으로 어렵다. 한자로 풀어보면 人事 사람의 일이다. '사람으로 마땅히 해야 할 일'이란 뜻이다. 그러니 매일 게을리 하지 말고 열심히 해야 한다.

인사란 사람의 기본이다. 그러나 인사를 잘 하기란 쉽지 않다. 성공한 사람의 삶을 살펴보면 기본기를 갖추기 위해 대단히 많은 시간과 노력을 할애했음을 볼 수 있다. 인사라는 기본도 많은 연습과 반복을 한다면 누구든지 몸에 익힐 수 있다. 어느 개그맨도 남다른 인사성으로 치열한 연예계에서 잘 나간다고 한다고 한다. 굳이 개그맨의 예를 들지 않아도 매일같이 일상 속에서 충분히 느낄 수 있다.

인생의 여러 금언들 중에서 내가 가장 절실하게 공감하는 것은 하늘은 스스로 돕는 자를 돕는다는 말이다. 초등학생 때라 그 오묘한 뜻을 몰랐지만 세월이 흘러 어른이 되고 나서야 그 깊은 뜻을 깨달았다. '스스로를 돕는다'는 것은 무엇일까? 내가 해야 할 일을 다 하고 나서, 내가 갖추어야 할 기본기를 갖추고 나서 결과에 대해서 바라고 구할 자격이 생긴다는 말이다. 다른 표현으로 '준비한 자만이 때를 만나고 성공할 수 있다'는 거다.

보통 사람들은 기본을 익히거나 갖출 생각은 않고 현실에 대한 불만을 토로하고 미래를 불안해한다. 현실을 개척하고 미래를 준비한다면, 스스로를 돕는다면 어느 누구나 반드시 성공할 수 있다. 그럼 가장 기본이 되는 것부터 돌아보고 연마해야 한다. 그 중의 인사는 무엇보다 중요하다. 왜냐하면 모든 것의 기본이기 때문이다.

기본을 갖춘다는 것은 한편 성공을 의미한다. 사람이 열심히 노력하고도 성공하지 못하는 이유는 비효율적 방법에 있다. 그런 사람들 대부분은 기본을 무시하고 심지어 무관심하기 까지 하다. 일찍이 기본을 갖추고도 성공하지 못한 사람은 한 사람도 없다. 위에서 말했듯이 기본기는 몸에 익어야 하는 것이다. 오늘 하루 잘 했다고 해서 되는 것이 아니다. 아무런 의식도 하지 않은 조건반사처럼 나도 모르게 내 몸에 익어야 한다.

여자들에게는 조금 다룰 수 있겠지만 고등학교 때 기술과목을 배운 남자들은 자동차 학과 시험 문제집을 보면 쉽게만 느껴져 따로 공부할 필요를 못 느낀다. 그러나 재미있게도 자동차 학과시험의 합격률은 20% 남짓이다. 아마도 그 이유는 쉽다고 공부를 게을리 했기 때문이다. 그런데 더 재미있는 것은 2차 시험 3차 시험에도 그 확률은 높아지지 않는다. 고백하건대 나의 예도 이와 같다. 첫 번째 학과시험에서는 80점 만점에 한 문제를 틀려 78점이 나왔고 두 번째 시험에서는 76점이 나왔다. 처음은 너무 가볍게 여겨 공부를 하지 않았고 두 번째는 공부 하나도 안 했는데도 78점이 나왔다는 자만과 이제 한번 경험도 한 터, 다음에는 더 쉽지 않을까 하는 안일함과 게으름이 초래한 한심한 결과였다. 이렇듯 쉽다고 생각되지만 결코 쉽지 않은 것이다.

인사에 있어서도 마찬가지이다. 나 역시도 지금 인사라는 주제로 글을 쓰면서도 때로는 타이밍을 놓쳐서 때로는 괜히 민망해서, 무심결에, 생각에 빠져서 이런 여러 변명으로 인사를 안 하고는 한다. 근래 내가 인사에 대해 강박관념을 갖고 있음에도 이러는 것을 보면 기본기 하나를 갖춘다는 것은 보통 노력으로는 안 되는 것이다. 그럴수록 평범한 하나의 일상부터 하나하나 습관을 들여야 한다.

> **Tip** ★ **인사의 3요소**
> 1. 밝게 인사한다.
> 2. 내가 먼저 인사한다.
> 3. 꾸준히 인사한다

2 인사는 인간관계의 기본이다

겉보기에 아주 작아 보이는 일에도 최선을 다하라.
그 작은 일을 마치는 순간마다 우리는 그만큼 더 강해진다.
작은 일에 최선을 다하다 보면, 더 큰일들은 자연히 해결된다.
— 데일 카네기

인사는 인간관계를 맺고 발전시키는 데 있어 가장 효과적인 수단 가운데 하나이다. 우리는 활기차고 반가운 인사로 상대방에 대한 예의와 존중의 뜻을 나타낸다. 어떤 인사를 나누느냐에 따라 더욱 친근감을 느끼게 되기도 한다. 그래서 낯선 사람과의 관계라도 인사와 함께 서먹한 감정이 사라질 수 있는 것이다.

누군가 내게 인사를 잘하면 왠지 모르게 기분이 좋아지는 것을 느낄 수 있다. 그것은 무엇보다도 관심을 가져주고 배려해줘서 고맙다는 마음이 들기 때문일 것이다. 배려는 자신보다 상대방을 더 위하는 따뜻한 마음이다. 인사성이 밝은 사람과 마주했을 때 드는 기분은 배려하는 마음이 있는 사람과 함께 했을 때 드는 느낌과 비슷하다. 둘 다 자신보다 상대방을 생각하는 마음이기 때문이다.

실적이 되었건, 인사성이 되었건 어디에서나 좋은 평가를 받지 못하는 사람이 있다.
"저 친구는 목에 깁스를 했나보군."
"버르장머리하고는……. 도대체 예의가 없어!"
사람들에게 이런 평가를 받는다면 사회인으로서 불합격 판정을 받은 것이나 다름없다. 옛부터 인사성 하나만 봐도 그 사람을 알 수 있다고 했다. 능력이 조금 모자라더라도 예의가 깍듯한 사람은 참작이 가능하지만 예의가 없는 사람은 좋은 평가를 받을 수가 없다.

"저 친구, 참 반듯해."
"일 솜씨만큼이나 인사성도 밝단 말이야."
인사를 잘하는 사람은 좋은 인간관계를 맺을 수밖에 없다. 인사를 잘한다는 것은 다른 사람의 '존재'를 긍정한다는 것을 뜻한다. 한마디로 인사 잘하는 사람은 배려심이 깊다는 말과 일맥상통한다.

인사는 상대방에게 나를 나타내주는 신호이기도 하지만 관심을 태도로 나타내주는 표현이기도 하다. 따라서 친절한 미소와 상냥한 인사말을 더하면 상대방을 배려하는 마음을 나타낼 수 있다.

올림픽과 같은 큰 대회에서 메달을 잘 따는 선수들은 하나같이 인사를 잘한다는 재미있는 통계가 있다. 이 선수들은 활달한 성격에다 밝은 인사성으로 선수들 사이에서나 코치, 감독, 그리고 스텝들에게 칭찬이 자자하다는 것이다.

인간관계의 기본이 '인사'라는 것은 아무리 강조해도 지나치지 않다. 인사는 상대방에게 나를 나타내주고 긍정적인 느낌을 전해준다.

공부에 정도가 있듯이 인간관계에도 정도가 있다. 그 바탕이 되는 것이 바로 친절한 인사다. 인사는 조화로운 인간관계를 형성해주고 더 나아가 다양한 형태의 '기회'까지 안겨준다.

3. 인사는 사람을 감동시키는 힘이 있다

아주 작은 것을 희생할 수 있는 기회를 절대 놓치지 말라.
아주 사소한 것이라도 소홀히 하지 말고 진심으로 대하라.
— 리지외의 성 테레즈

"그 사람은 참 인사성이 밝아!"

"저렇게 인사성 밝은 아가씨가 사무실에 있는 것만으로도 저 회사는 복 받은 거야!"

"저 친구 인사 잘하는 것 보면 분명 일도 잘할 거야."

주위에 이 같은 칭찬을 듣는 사람들이 있다. 이들은 인사성 하나만으로 자신을 최상의 상품 가치로 끌어올린 셈이다.

한편, 상사나 동료들에게 눈총을 받는 사람도 있다.

"일만 잘하면 뭐해? 먼저 사람이 돼야지."

"저 친구는 왜 인사 하나 제대로 못할까?"

"영 기본이 안 돼 있어."

부정적인 평판을 듣는 사람의 특징이 있다. 주위 사람들에게 '버릇없는 사람' 이라는 인식이 각인되어 있다는 것이다. 좀 심하게 말하면 이들은 사회생활에서 불합격 판정을 받은 사람들이라고 할 수 있다. 인사는 인간관계에서 가장 기본이 되는 표현일 뿐만 아니라 비즈니스에서도 기본이 된다. 인사를 소홀히 하는 사람치고 인간관계가 원활한 사람은 거의 없다. 인간관계가 좋지 않으니 사회생활까지 엇나가게 되는 것이다.

인사성이 밝은 사람은 친절한 사람이다. 누구나 친절한 사람을 좋아하게 마련이다. 다음 이야기는 인사로 인생이 바뀐 이야기이다.

비바람이 몰아치는 늦은 밤, 지방의 한 호텔 프론트 데스크였다.
초라한 행색의 노부부가 호텔 직원에게 물었다.
"미처 예약을 못했는데 혹시 빈 방이 있습니까?"
젊은 직원은 깍듯하고 정중하게 인사를 건네며 대답했다.
"죄송합니다만, 지금 만원이어서 빈 방은 없습니다."
"예, 알았습니다.'
노부부가 힘없이 발길을 돌리려 할 때 직원이 말했다.
"잠시만 기다려주시겠습니까? 제가 다른 호텔에 방이 있는지를 알아봐 드리겠습니다."

하지만 어느 호텔에도 방이 없었다. 그런데 잠시 뒤, 직원은 조심스럽게 노부부에게 말했다.

"객실은 없습니다만, 이렇게 비도 오고 늦은 시간이니 누추하지만 제 방에서 주무시면 어떨까요?"

"말씀만이라도 고맙습니다."

처음에 노부부는 사양했다. 하지만 직원의 호의를 거절할 수 없어서 작은 방에서 하룻밤을 보냈다.

다음날 아침, 노신사는 직원에게 말했다.

"당신은 미국에서 제일 좋은 호텔의 사장이 돼야 할 분 같군요."

"……."

직원은 노신사가 하는 말을 그냥 흘려들었다.

그런데 2년이 지난 어느 날이었다. 직원은 한 통의 편지를 받았다. 그 편지 속에는 뉴욕행 왕복 차표와 함께 자신을 방문해달라는 노신사의 당부가 들어 있었다.

노신사는 뉴욕에 도착한 직원을 데리고 중심가로 갔다. 노신사는 대리석으로 만든 궁전 같은 호텔을 가리키며 물었다.

"이 호텔을 본 느낌이 어떠세요?"

젊은 직원은 놀란 눈으로 대답했다.

"이처럼 크고 멋있는 호텔은 태어나서 처음 봅니다."

노신사는 미소지으며 말했다.

"이 호텔은 당신을 위해 내가 지은 것입니다."

이 호텔이 바로 세계적인 명성을 가진 '월도프 아스토리아 호텔'이다. 그리고 그 노신사는 바로 호텔 주인인 윌리엄 월도프 아스토, 직원의 이름은 조지 볼트이다. 조지 볼트는 이 호텔의 첫번째 지배인이 되었다.

친절한 인사와 배려가 큰 행운을 낳은 셈이다. 이처럼 인생에는 수많은 행운들이 널려 있다. 다만 우리는 그 행운들을 끌어당길 기회를 놓칠 뿐이다. 나는 여러분에게 행운이라는 물고기를 낚는 도구로 '인사'를 적극 활용하라고 제안하고 싶다. 인사야말로 돈 한 푼 들이지 않고 상대방을 쉽게 내 편으로 끌어당길 수 있는 마력이 있기 때문이다.

인사는 비즈니스에 있어서 시작과 끝을 장식한다. 우리는 누군가를 처음 만났을 때 인사로 시작하며, 헤어질 때도 작별 인사로 다음 만남을 기약한다. 인사는 가장 자연스럽게 상대방에게 신뢰를 줄 수 있는 아름다운 행위이다.

4 긍정의 에너지를 만드는 활기찬 인사

때때로 인생이란 커피 한 잔이 가져다주는 따스함에 관한 문제이다.
— 리처드 브로티칸

　형식적으로 건네는 틀에 박힌 인사에는 어떤 감흥도 느끼기 힘들다. 인사말이나 태도에서 배려하는 마음을 느낄 수 없기 때문이다. 만일 일터에 이런 사람들로 가득하다면 어떻겠는가? 당연히 분위기가 어두울 수밖에 없을 것이다.
　반대로 활기차게 인사하는 사람들을 보면 상대방까지 활기차진다. 상대방에게 건네는 "안녕하세요?"라는 인사말 한마디에 상쾌한 에너지가 담겨 있기 때문이다.
　마음이 담긴 인사말 한마디로도 충분히 분위기를 바꿀 수 있다. 어둡고 가라앉은 분위기는 밝고 활달하게, 낯섦과 경계심으로 차 있다면 부드럽고 화기애애한 분위기로 변화시킬 수 있다.

　얼마 전 아는 이에게서 책 한 권을 선물 받았다. 조엘 오스틴이라는 작가가 쓴 『긍정의 힘』이었다. 그 책을 읽고 난 뒤 다시 한번 더 긍정의 힘에 대해 되새길 수 있었다.
　우리들의 삶 속에는 예고 없이 불쑥 찾아와 우리 인생을 바꿀 수 있는 강력한 '긍정의 에너지'가 숨어 있다. 사실 우리가 계획하고 세우는 꿈과 목표가 이루어지느냐 마느냐는 긍정의 에너지에 달려 있다. 긍정의 에너지가 우리 인생에서 미치는 힘은 아무리 강조해도 지나침이 없다. 그러나 많은 사람들이 이 에너지를 너무 쉽게 생각한 탓에 원치 않은 삶을 살고 있다. 성공하는 사람들은 긍정의 에너지를 절대 지나치지 않는다. 오히려 조금씩 긍정의 에너지를 증폭시키고 살찌우는 데 노력한다. 그렇기에 성공이라는 정상에 설 수 있다.
　우리는 일상생활에서 얼마든지 긍정의 에너지를 생산할 수 있다. 또 자신이 생산한 긍정의 에너지를 가족과 직장 동료, 친구 등과 함께 나눌 수도 있다. 이러한 긍정의 에너지를 누군가와 나눌 때 그 속에 깃들어 있는 에너지는 몇 배, 몇십 배로 증폭된다.
　그렇다면 어떻게 긍정의 에너지를 생산할 수 있을까? 그것은 바로 '활기찬 인사'이다. 상대방의 눈을 보고 "안녕하세요?" 하고 인사를 해보라. 인사말 뒤에 한 마디를 덧붙임으로써 더 밝은 분위기를 연출할 수도 있다.

"안녕하세요? 이제 완연한 봄인데요."

"안녕하세요? 날씨 한번 끝내주는군요."

"안녕하세요? 넥타이가 참 잘 어울리는데요."

"정말 기쁘시겠어요."

"얘기 들었습니다. 너무 걱정하지 마세요. 분명 잘 될 거예요."

상대방은 분명 미소지으며 응답할 것이다. 그렇게 자연스레 경쾌한 대화가 이루어지면서 어느새 딱딱하고 어색한 분위기는 부드러워지게 된다.

누구나 긍정의 에너지를 생산할 수 있다. 평소 인사하는 습관에 단지 적극성만 덧붙이면 된다. 정말 놀랍지 않은가? 내가 건넨 활기찬 인사로 상대방과 동료들이, 가족과 회사 전체 분위기가 긍정의 에너지로 흠뻑 젖는다는 것이 말이다.

잘나가는 사람이나 회사에는 그만한 이유가 있다. 다양한 이유가 있겠지만 그 가운데 가장 큰 이유는 열정이라고 할 수 있다. 이 열정은 마음속에 긍정의 에너지가 가득할 때 외부로 표출된다. 따라서 스스로 활기찬 사람이 되지 않고서는 긍정의 에너지를 생산할 수 없고 열정적인 사람이 될 수 없다.

잘나가는 사람이 되고 싶은가? 잘되는 회사로 변화시키고 싶은가? 그렇다면 나부터 먼저 활기찬 인사를 생활화해야 한다. 활기찬 인사에서 모든 것을 움직이고 변화시키는 긍정의 에너지가 나온다.

개인이든, 기업이든 활기찬 인사로 긍정의 에너지를 가득 채워 보자. 그러할 때 성공을 향한 길을 막는 부정적인 사고가 들어차지 않게 된다. 긍정의 에너지가 가득해지면 꿈을 향한 도전을 멈출 수 없게 된다.

> **Tip** ★ **마음을 담은 인사**
> "고맙습니다" 하는 감사의 마음,
> "미안합니다" 하는 반성의 마음,
> "덕분입니다" 하는 겸허한 마음,
> "그렇습니다" 하는 긍정의 마음.
> 인사를 할 때는 이런 향기 나는 긍정적인 말을 곁들여라.
> 인사를 건네는 사람, 받는 사람 모두의 마음을 유쾌하게 한다.

5 돈 한 푼 안 드는 훌륭한 홍보 수단

> 좋은 기회를 만나지 않은 사람은 한 사람도 없다.
> 단지 그것을 붙잡아 자기 것으로 만들지 못할 뿐.
> — 앤드류 카네기

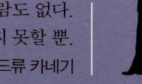

    이 과장과 김 과장은 승진을 앞두고 있었다. 이 과장의 마음이 느긋한 것과 달리 김 과장은 조마조마했다. 평소 이 과장은 일은 물론 상사에게 예의 바르기로 소문이 자자했고, 동료들과도 원만한 관계를 형성하고 있었다. 하지만 김 과장은 이 과장에 비해 업무 능력이 더 낫다는 평가를 받고 있었다. 따라서 누가 승진을 할지 알 수가 없었다. 뚜껑을 열어본 결과, 승진자는 이 과장이었다. 평소 그의 밝은 인사성이 유리하게 작용한 덕분이었다.

    김 과장은 업무 능력은 뛰어났지만 평소 인사성이 결여되어 있다는 평가가 불리하게 작용했던 것이다.

"저 친구는 기본이 안 돼 있어."
"일만 잘하면 뭐해? 예의가 없는데."

그래서 김 과장은 줄곧 상사에게 따가운 눈총을 받곤 했다. 또 종종 동료들과도 마찰을 일으켜 대인관계도 원만하지 못했다. 자연히 그의 근무 평점은 낮게 평가되었다. 결국 그는 이번 승진 대상에서 제외되고 말았다.

직장인이라면 평소에 업무 능력은 기본이고 상사, 동료들과 원만한 인간관계를 형성해야 한다. 이는 우리나라의 기업 구조상 승진과 연봉 협상에 있어 필수 요건이다. 원만한 인간관계를 형성하기 위해서는 가장 기본인 인사성이 밝아야 한다. 그 누구도 인사 잘하는 사람을 미워하지 않는다.

능력이 없는 데다 예의마저 없다면 퇴출은 시간문제이다. 그에 비해 능력도 있고 인사성마저 갖추었다면 상사들에게 사랑을 받고 결국 승진이나 연봉 협상에서 더욱 유리하게 작용할 수밖에 없다.

주위를 보면 공짜로 자신을 PR하는 사람이 있다. 이런 사람은 대부분 사람들이 소홀히 생각하는 것을 경쟁력 있는 무기로 활용하는 사람이다. 그 무기의 하나가 바로 '인사'이다. 인사는 돈 한 푼 들이지 않고 나를 PR할 수 있는 훌륭한 수단이다. 누군가에게 활기찬 인사를 건네는 사람은 그만큼 상대방에게 자신의 이미지를 심어주고 있는 것이다.

그러나 인사성이 없거나 형식적으로 인사를 하는 사람은 값진 무기가 녹슬어가고 있는데도 관심이 없는 사람이라고 할 수 있다. 사람들은 인사성 하나만 봐도 그 사람을 평가한다는 기본 상식을 지나치고 있다. 이런 사람은 상사나 동료들에게 좋은 이미지를 심어줄 수가 없다.

우리는 인간관계를 통해 사회 구성원으로 자신을 형성해나간다. 따라서 인간관계가 원만하지 못하다면 사회 구성원으로서 자신의 역할을 제대로 해낼 수가 없다. 그렇기 때문에 가족, 친구, 선후배, 동료 등과 원만한 인간관계를 유지해야 하는 것이다.

인사는 마치 윤활유와 같아서 활기찬 인사 하나만으로도 좋은 인간관계를 만들어 나갈 수 있다. 활기찬 인사를 건네야 하는 이유는 무엇보다 인사를 계기로 커뮤니케이션이 이루어지기 때문이다. 뿐만 아니라, 적극적으로 나를 PR할 수 있고 신뢰와 호감을 줄 수 있다. 이를 바탕으로 자신의 생각이나 주장을 나누면서 인맥이 넓어지고 상대방에 대한 이해가 깊어짐에 따라 좋은 인간관계가 형성된다.

상대방이 누구건 간에 적극적으로 인사를 건네라. 적극적으로 인사를 건네는 순간 당신은 상대방의 마음속에 긍정적인 이미지로 각인된다.

6 개성이 담기는 그릇

인간의 정신에서 가장 핵심적인 자질은 자기 자신을 신뢰하는 것과 아울러 다른 사람들과 신뢰를 쌓아가는 것이다.
— 간디

사람마다 성격이 다르듯이 영화를 보는 눈도 다르다. 같은 영화를 보고 나서도 어떤 사람은 "정말 감동적이었어." 하고 말하는 사람이 있는가 하면 "그저 그랬어." 하는 사람도 있다. 나는 영화를 보면서 머릿속으로 결말을 상상하곤 한다. 혹 내가 상상한 결말이 맞아떨어진다면 별 감흥이 없다. 그러나 결말이 내 상상을 빗나가는 영화는 오래도록 뇌리 속에 남아 있다.

신선하지 못한 영화가 사람들에게 외면당하는 것처럼 늘 똑같은 인사말을 건넨다면 식상하게 된다. 그렇게 되면 상대방도 내게 형식적이거나 무미건조한 응답을 보내게 된다.

조금만 관심을 기울이면 인사말 하나에도 나만의 개성을 연출할 수 있다. 모든 것은 마음먹기 나름이다. 긍정적으로 변화를 꾀해야만 한다.

'스마일맨'으로 불리는 박 주임의 하루는 아침마다 직장 동료들에게 큰 소리로 인사를 하는 것으로 시작된다.
"안녕하세요? 상쾌한 하루네요."
그가 건네는 인사에 모두들 응답을 하다 보면 사무실 분위기가 쾌활해진다. 어느덧 웃음소리도 들리고, 경직된 여느 사무실 분위기와 사뭇 다르다.

처음부터 박 주임이 스마일맨이었던 건 아니다. 그는 누구보다 부정적인 사고를 지닌 이기주의자였다. 그러던 그가 보험설계사 K를 만나면서 조금씩 변하기 시작했다. K는 사흘이 멀다 하고 찾아왔다. 그의 얼굴에는 항상 미소가 담겨 있었고 박 주임을 보면 오랜 친구를 만난 듯이 반색하며 인사를 건넸다.

처음에 박 주임은 그를 모질게 대하며 거리를 두려고 애썼다. 하지만 적극적인 그의 공세에 박 주임은 두 손 두 발 다 들고 말았다. 그를 보면 왠지 모르게 기분이 좋았다. 상사에게 질책을 받았거나 기분이 좋지 않을 때, 그가 건네는 밝은 인사에 우울한 기분이 날아가버리곤 했다.

그렇게 해서 박 주임은 그와 친해졌고 자신의 친구들까지 그에게 소개해주었다.

박 주임은 K가 건네는 인사말이 그때 그때마다 다르다는 것을 알게 되었다. 그래서 전혀 거부감을 느낄 수 없었을 뿐 아니라 식상하다는 생각도 들지 않았던 것이다. 또 그는 박 주임의 기분에 맞춰 인사말을 다르게 건넸다. 박 주임은 그를 통해 인사말 하나로도 얼마든지 기분을 전환시킬 수 있다는 것을 깨달았다. 그 뒤로 언제부턴가 박 주임은 아침마다 사무실에 들어설 때면 큰 소리로 활기찬 인사를 건네게 되었다.

K의 색깔 있는 인사가 박 주임을 자신의 고객으로 만들었을 뿐 아니라 지금의 스마일맨으로 변화시킨 것이다.

성격이 활달한 사람과 함께 있으던 상대방까지 쾌활해진다. 활달한 사람과 거리를 두려는 사람은 없다. 오히려 모두 그와 가까워지려고 한다. 활달한 사람과 있으면 왠지 모르게 좋은 일이 생길 것 같은 행복한 예감이 들기 때문이다.

인사말에도 개성이 드러난다. 따라서 인사할 때 늘 똑같은 레퍼토리 멘트를 쓰고 있는 건 아닌지 돌아봐야 한다.

다양한 인사말을 건네는 사람은 적극적이고 사교적인 사람으로 보인다. 또 그렇지 않은 사람보다 훨씬 활달한 사람으로 비춰진다.

예를 들어 "날씨가 참 좋네요."라는 인사말은 "일하기 딱 좋은 계절이네요." 하고 약간 달리해보자. 또 "감사합니다."라는 사무적인 인사말보다 "늘 신세만 지네요." 하고 진심어린 인사말을 건네보자.

02 인사의 의미

낯선 사람에 대한 경계를 풀어준다

하고 또 하라! 다르게 또 다르게

송종국 대리 소개를 받고 왔습니다!

만일 그에게 밝게 인사하는 습관이 배어 있지 않았다면?

신뢰의 표시

사람을 자석처럼 끌어당기는 힘

너희가 자기를 사랑하는 사람들만 사랑한다면
무슨 상을 받겠느냐? 세리들도 그만큼은 하지 않느냐?
또 너희가 자기 형제들에게만 인사를 한다면 남보다
나을 것이 무엇이냐? 이방인들도 그만큼은 하지 않느냐?
— 신약성서 마태복음 5:46~7

1 낯선 사람에 대한 경계를 풀어준다

우리 인생에서 우리 자신이 그어놓은 것 이외의 한계는 없다.
— 레스 브라운

얼마 전 텔레비전을 통해 「크로커다일 던디」라는 영화를 보았다. 1980년대 중반에 개봉한 이 영화는 밀림에서 사냥을 하며 살아가는 한 순박한 남자의 이야기를 다루고 있다. 개봉 당시 세계적으로 1억 7천만 달러의 엄청난 흥행을 거뒀다고 한다.

이 영화는 밀림 속에서 살던 사나이가 도시로 나오면서 벌어지는 갖가지 일들을 재미있게 보여준다. 영화를 보면서 가장 인상 깊었던 장면은 던디라는 주인공이 도시에서 만나는 모든 사람들에게 친절하게 인사를 건네는 모습이었다. 그는 엘리베이터에서 마주치는 사람부터 거리에서 구걸하는 거지와 창녀에 이르기까지 만나는 모든 사람에게 반갑게 인사를 건넨다. 처음에 사람들은 그를 미친 사람으로 취급했지만 점점 그의 매력에 빠져들게 된다.

오랜 시간 밀림에서만 살았기 때문에 그에게 도시 생활은 낯설기만 했다. 하지만 그는 자신이 만나는 사람들을 친한 친구로 만드는 재주가 있었다. 그 재주는 다름 아닌 '인사'였다. 그가 사람들에게 반갑게 건네는 인사는 낯설게만 느껴지던 도시 생활을 즐겁게 만들어주었다.

만약에 던디가 사람들에게 반갑게 인사를 하지 않았다면 그의 도시 생활은 어땠을까? 분명 그의 삶은 힘들어졌을 것이다. 무엇보다도 아는 사람 하나 없는 도시에서 느끼는 외로움이 그를 우울하고 고통스럽게 만들었을 것이다.

우리는 낯선 사람에게는 항상 경계를 품고 있다. 그래서 우리 마음속에는 자기 자신을 지키기 위해 낯선 사람을 대면할 때 보호 시스템을 작동시키는 것이다. 전문가들은 그런 위험 부담을 감수하고서라도 새로운 만남을 피하지 말라고 강조한다. 새로운 만남이야말로 인생에서 소중한 기회라 할 수 있기 때문이다.

밝은 인사는 낯선 사람에 대한 경계를 풀어줄 뿐 아니라, 타인과 커뮤니케이션을 나눌 수 있는 계기를 만들어주고, 딱딱한 분위기를 편안한 분위기로 이끌어준다.

한 후배가 전화를 걸어와 고민을 털어놓았다. 전날 동료와 업무 때문에 사소한 말다툼을 했다는 것이다. 그런데 먼저 사과를 하고 싶어도 자존심이 허락지 않는다고 했다. 하지만 그는 누구든 먼저 화해의 손을 내밀지 않으면 거리를 좁힐 방법이 없다는 것을 잘 알고 있었다.

나는 후배에게 잠시 자존심을 버리고 다음날 아침에 먼저 반갑게 인사를 하라고 충고했다. 그러자 그는 "선배님, 제가 왜 먼저 인사해야 돼요? 잘못은 그쪽에서 했는데." 하고 펄펄 뛰었다. 나는 차분하게 말했다. "네가 먼저 인사를 하면 동료도 응답을 할 것이고 그러면 자연스레 사과를 할 수 있는 분위기가 될 거야." 그제야 후배는 알았다는 듯이 고맙다는 말을 하고는 전화를 끊었다. 그리고는 그 다음 날 후배에게서 전화가 걸려왔다. 덕분에 잘 해결되었다는 것이다.

상대방에게 먼저 인사를 건네면 쓸데없는 감정 낭비를 하지 않아도 된다. 또 내가 먼저 인사를 하면, 내 마음에 활기와 긍정적인 생각으로 가득 차게 되고 자연스럽게 주변 사람들에게도 그 느낌은 바이러스처럼 전해지게 된다.

★ **인사를 할 때 알아두면 좋은 '사람의 마음'**
　1. 누구나 남이 나를 알아주기를 바란다.
　2. 자신의 장점을 다른 사람이 칭찬해주기를 바란다.
　3. 현재 자신의 기분 상태를 모든 사람들이 헤아려주기를 바란다.

2 하고 또 하라! 다르게 또 다르게

현명한 사람은 기회를 찾는 것이 아니라 기회를 창조한다.
— 프랜시스 베이컨

    인사는 상대방에게 거부감을 일으키지 않으면서 나를 알릴 수 있게 해준다.

    자동차 판매왕으로 유명한 P 상무. 그의 학력은 고졸이지만 H사에서 가장 세일즈 잘하는 자동차 판매왕이다. 한 해에 그가 판매하는 자동차는 이삼백 대가 넘는다. 동료들은 그에게 종종 세일즈 성공 비결이 무엇이냐고 묻는다. 뿐만 아니라 이런 그의 세일즈 성공 비결을 배우고자 기업이나 학교, 관공서에서 강의를 해달라는 부탁이 몰려온다.

    그에게 어떤 비결이 있는 것일까? 그의 말대로 한마디로 답한다면 특별한 비결이란 것은 없다. 단지 그가 남다른 점은 다른 세일즈맨들은 차를 살 사람, 안 살 사람 미리 구분해서 인사를 건네지만 그는 모든 사람들에게 진심으로 인사를 건넨다는 것이다. 그는 장삿속으로 대충 인사를 하는 것이 아니라 진심으로 모든 이들을 존중하는 마음으로 인사를 한다.

그는 자신의 세일즈 비결을 이렇게 말했다.

"세일즈 비결이라고 따로 있는 건 아니에요. 아침부터 저녁까지 늘 최선을 다했을 뿐이죠. 그리고 제가 만나는 모든 사람들에게 적극적으로 인사를 했고 그렇게 나를 홍보했어요. 그것 말고 특별한 비결은 없습니다. 나 외에는 어딜 가든 고객이라 생각했으니까요. 한 가지 더 말씀 드린다면, 고객의 차에 이상이 있을 때 당장 달려가고, 고장이 났다 하면 서비스카를 보냈습니다. 그런 사소한 것에서 고객들의 마음에 감동을 준 것 같아요."

그는 때와 상황에 맞게 인사를 한다고 했다. 또 날마다 똑같은 인사말보다 다양한 인사말을 곁들여 함으로써 호감을 산다는 것이다.

P 상무가 수많은 세일즈맨들을 제치고 자동차 판매왕이 될 수 있었던 데는 그만한 이유가 있다. 바로 적극적인 인사의 힘을 잘 활용한 것이다. P 상무는 상대방에게 인사를 하면서 자신의 이미지를 기억시키고 덩달아 상대방을 고객으로 만들 수 있었다.

P 상무는 적극적인 인사가 몸에 배어 있을 뿐 아니라 인사도 때

와 상황에 따라 달라져야 한다는 것을 누구보다 잘 알고 있다.

직장이나 조직생활에서의 인사라면 목례만 하기보다 따뜻한 말 한마디를 함께 건네는 것이 좋다. 또 만날 때마다 "안녕하세요?" 같은 똑같은 인사라면 상대방이 지겨워할 수 있다. 신선한 음식이 맛도 있고 보기에도 좋듯이 인사도 신선함이 더한다면 금상첨화다. 예를 들어 "오늘 날씨가 많이 포근해졌네요." "오늘 맨 넥타이가 참 멋있어요." "요즘 좋은 일이 있으신가 봐요. 얼굴이 환해지셨네요." 같은 다양한 인사말을 활용하면 효과적이다.

별난 노력을 들이지 않고 긍정적인 이미지를 만드는 방법이 바로 인사이다. 아직 낯설다는 핑계로, 상대가 인사를 잘 안 받아주거나 별로 친하지 않다는 이유로 머뭇거린다면 그만큼 자신의 존재를 알릴 기회를 놓치게 된다.

인사를 자주 건넴으로써 손해 볼 일은 어디에도 없다. 오전에 만난 사람과 오후에 다시 마주쳤을 때도 인사를 하라. 또 오늘 처음 만난 사람이라면 전화를 하거나 이메일을 보냄으로써 한 번 더 기억에 남게 하라. 조금은 어색하고 귀찮겠지만 분명 상대방이 당신을 호의적으로 기억하는 데 큰 역할을 할 것이다.

Tip ★ **저는 언제든지 당신에게 밝은 인사를 하겠습니다!**
누군가에게 인사를 할 때는 이렇게 생각하라.
'저는 언제든지 당신을 존중하는 마음으로 인사를 하겠습니다.
저는 당신과 좋은 관계를 맺고 싶습니다. 늘 행복하세요!'

3
송종국 대리 소개를 받고 왔습니다!

바람이 불지 않을 때 바람개비를 돌리는 방법은 앞으로 달려가는 것이다.
— 데일 카네기

가정이나 학교, 특히 직장생활에서는 사람들과의 관계가 중요하다. 하루에 반 가까운 시간을 상사나 동료들과 보내기 때문이다. 따라서 동료들과의 관계가 원만하지 못하다면 직장생활을 제대로 하고 있다고 볼 수 없을 것이다.

한 중소기업의 영업부에서 일하는 박 대리는 한마디로 안하무인이다. 상사를 봐도 깍듯이 예를 갖추기보다 고개만 까닥하는 것은 물론 상사가 질책이라도 하면 기꺼이 수긍하는 자세도 잘 갖추지 않는다. 그는 또 동료들이나 후배 직원들에게 결코 먼저 인사하는 법이 없다. 뿐만 아니라 자신의 심기가 불편할 때면 서슴지 않고 심한 말을 한다. 그래서 모두 그와 마주치지 않으려 슬슬 피한다.

그는 입사 때부터 영업부에서 고전을 면치 못하고 있다. 모두 그의 안하무인 태도로 인해 빚어진 결과이다. 그가 당장 지금의 모습을 바꾸지 않는다면 지금의 자리는 다른 누군가가 꿰찰 것이다.

지금의 박 대리가 처한 위기는 그 누구도 아닌 스스로 판 함정이다. 그 함정은 바로 다른 사람을 배려할 줄 모르는 안하무인 태도와 대충하는 인사성이다.

서로 반갑게 인사를 주고받을 때 자연스레 대화를 할 수 있는 분위기가 조성된다. 그러나 박 대리는 인간관계의 기본이 인사라는 것을 전혀 깨닫지 못하고 있다. 박 대리는 수많은 사람들을 만나왔지만 좋은 이미지를 심어주지 못했다. 그래서 지금 직장 동료들은 물론 거래처 사람들까지 그를 피하려고 하는 것이다. 그렇다 보니 심지어 거래처 담당자와도 업무가 원활하게 이루어지지 못하는 상황까지 왔다.

송 대리는 새로운 거래처를 만들기 위해 C기업의 사장을 만나러 갔다. 사장을 보자마자 그는 미소를 띠며 반갑게 인사했다.

"안녕하세요?"

"실례지만, 누구신지요?"

사장은 그리 반갑지 않은 표정을 지으며 물었다. 그러나 그는 아랑곳하지 않고 밝은 표정으로 말했다.

"예, 저는 송종국 대리 소개를 받고 왔습니다."

순간, 사장은 송종국 대리라는 사람이 누구였나 하고 머릿속으로 떠올려보았다. 하지만 아무리 생각해도 기억이 나지 않았다.

"죄송합니다만, 제가 많은 사람들과 상대하다 보니, 송종국 대리님이 누구신지 잘 기억이 나질 않는군요."

송 대리는 자신 있게 말했다.

"예! 제가 바로 송종국 대리입니다."

"아니, 사람도 원 참! 하하."

"웃는 낯에 침 뱉으랴."라는 속담이 있듯이, 미소를 띤 인사를 건네는 사람에게 화를 낼 사람은 없다. 화를 내려다가도 스스로 삭이고 만다.

송 대리의 무기는 바로 미소 띤 인사이다. 그는 밝은 인사성과 함께 재치를 발휘하여 새로운 거래처를 뚫을 수 있었다. 만일 그가 아닌 박 대리가 갔다면 분명 그는 기회를 얻을 수도 없었을 것이다.

인사성이 없는 사람은 누구에게도 환영 받지 못한다. 그에게 날아드는 것은 곱지 않은 시선뿐이다.

사람들은 왜 인사성이 없는 사람을 싫어할까? 그것은 바로 사람을 존중하는 마음이 결여되어 있다는 생각이 들기 때문이다. 상대방을 향한 존중과 배려가 있는 사람은 인사성이 밝다. 밝은 인사는 우호적인 인간관계를 엮어주는 중요한 촉매제 역할을 한다.

첫 만남에서든 구면이든 상대방에게 건네는 밝은 인사는 자연히 부드러운 대화 분위기로 이어지게 된다. 인사는 효과적인 인간관계의 징검다리와 같다.

만일 그에게 밝게 인사하는 습관이 배어 있지 않았다면?

4

인생의 비극은 우리가 겪는 고통 속에 있는 것이 아니라
우리가 놓치는 것들 속에 있다.
— 토마스 칼라일

후배 가운데 결혼정보회사를 통해 인연을 만난 사람이 있다. 그 친구의 에피소드를 들으면 평소 인사 습관이 어떤 의미를 갖는지 알 수 있다.

그는 상대방이 찾기 쉬운 곳을 약속 장소로 잡았는데 그곳에는 이미 다른 결혼정보회사의 주선으로 미팅을 하는 커플들이 더러 있었다. 그는 출입문에 서서 주위를 둘러본 후 혼자 앉아 있는 여성에게 다가가 미소 띤 얼굴로 인사를 건넸다.

"안녕하세요? 먼저 와 계셨네요. 기다리게 해서 죄송합니다."

그러자 상대방도 웃는 얼굴로 응답했다.

"아니에요. 제가 좀 일찍 나왔나봐요. 어서 오세요!"

그는 상대방이 웃을 때 움푹 패이는 보조개를 보며 매력을 느꼈고 차츰 끌리게 되었다. 그렇게 두 사람의 대화가 자연스레 이어졌다.

그런데 한참 대화를 하던 가운데 두 사람은 커플 매니저를 통해 알고 있던 프로필 내용과 다른 느낌을 받았다. 그래서 서로의 이름을 확인했더니 두 사람은 원래 만나기로 한 사람들이 아니었다. 당황한 두 사람은 부랴부랴 원래 상대에게 전화를 걸었다. 그런데 더 황당한 것은 그들의 상대들도 건너편에 앉아 즐겁게 이야기꽃을 피우고 있었던 것이다.

너무나 어이없는 상황에 두 사람은 한바탕 웃음을 터뜨렸다. 그렇게 뜻하지 않은 우연으로 두 사람은 서로 호감을 가졌고 인연이 이어지게 되었다.

며칠 전 그에게서 결혼 소식을 알리는 전화가 왔다.

"형, 영화 속의 주인공이 된 기분이에요. 정말 현실에서도 이런 일이 일어나나 봐요."

"입이 귀에 걸리겠다. 하하! 아무튼 축하해."

두 사람을 묶어준 힘은 무엇일까? 낯선 사람에게도 살갑게 다가서서 마음을 담은 인사를 건네고, 또 이를 배려하는 마음과 함께 따뜻한 인사로 받아준 마음이 아니었을까? 만일 평소 그에게 밝게 인사하는 습관이 배어 있지 않았다면 어땠을까? 습관적으로 얼굴에 그늘을 잔뜩 드리우거나 굳은 표정으로 인사를 건넸다면 상대 여성은 어떤 마음이 들었을까? 분명 상대방도 그처럼 쾌활하지 않은 표정으로 인사를 했을 것이다. 그렇다건 그 순간부터 둘 사이의 보이지 않는 벽은 그대로 존재했을 것이고 부드러운 대화 분위기를 조성할 수 없었을 것이다.

"옷깃만 스쳐도 인연"이라는 말이 있다. 그런데 언젠가부터 우리는 각박한 세파에 쫓겨 인연의 소중함을 잊고 살게 된 것 같다.

어쩌면 우리는 하루에도 수많은 인연을 낙엽처럼 날려보내고 있는 것 아닐까? 사람을 대하는 마음과 태도를 조금만 바꾼다면 충분히 나의 성장뿐 아니라 튼튼한 인맥을 구축할 수 있을 텐데 말이다.

인사는 그냥 스쳐갈 인연을 우정, 사랑, 동료애 같은 다양한 색깔의 인연으로 빚어낸다. 인연이란 이름으로 다가온 기회를 놓치지 않고 동반자로 만드는 위대한 힘이 바로 '인사'에 있다는 것을 잊지 말자.

5 신뢰의 표시

사람을 얻기 위해서는 기다려야 한다.
가까이에 있는 인연에 충실하다 보면 장차 드넓은 천지를 만나게 될 것이다.
— 스유엔

"말 한마디로 천 냥 빚을 갚는다."라는 속담이 있다. 말 한마디로 천 냥 빚을 갚을 수 있다면, 인사는 신뢰를 바탕으로 낯선 사람도 소중한 인연으로 만들어준다고 할 수 있다.

인사는 사람人을 섬긴다事는 뜻을 지니고 있다. 인사는 상대방을 해칠 의사나 무기가 없음을 알리기 위한 동작에서 비롯됐다. 거수 경례는 빈손을 위로 들어 보이는 동작이, 악수는 무기 없는 빈손을 보여주는 동작이 발전된 것이다. 허리를 굽히는 것 또한 그 상태에서는 공격이 불가함을 생각하면, 인사는 상대방에 대한 섬김, 환영 또는 신뢰와 친근감의 표현이라 볼 수 있다.

인사가 주는 가장 강력한 힘은 바로 신뢰감이다. 내가 상대방에게 미소 띤 얼굴로 인사를 건넬 때, 그것은 단지 예의만 차리는 것이 아닌 신뢰감을 심어주는 것이다.

인사는 누구나 먼저 행하기만 하면 성공하는 사업 비결일 뿐 아니라 돈 한 푼 들이지 않고 내 편을 만드는 강력한 로비, 아무리 자주 해도 지나치지 않는 인간관계의 묘약이다.

인사라는 단순한 형식이 엄청난 위력을 발휘하는 것은 사업에서도 마찬가지다. 모든 사업은 파트너들의 도움으로 성장하기 때문이다. 기업들이 신입사원들에게 예절 교육을 많이 하는 것도 바로 그런 이유 때문이다. 인사는 상사와 부하, 동료들 사이에 신뢰와 친근함을 더해주고 불편한 공기와 낯선 분위기를 환기시켜 주기 때문에 일에 대한 열정을 꾀할 수 있다.

바쁘다는 핑계로 눈도 맞추지 않은 채 건성으로 악수나 인사를 하는 경우가 있다. 이는 상대방을 무시하는 행위일 뿐 아니라 신뢰감을 주지 못한다. 대충 건넨 인사로 자칫 상대방과 불편한 관계에 놓일 수도 있다. 인사는 어떤 일이 있어도 상대방의 눈을 보며 미소 띤 얼굴로 해야 한다. 그렇지 않을 바에야 차라리 인사를 생략한 채 지나치라고 말하고 싶다. 있는 신뢰감마저 잃을 테니까 말이다.

연예인이 되기 위해 가장 갖춰야 할 덕목은 무엇일까? 연기력,

빼어난 외모, 유창한 화술, 배경…… 물론 이런 것들이 필요할 것이다. 그러나 이전에 꼭 갖추어야 할 것이 있다. 그것은 다름 아닌 인사이다. 첫인상이 중요한 연예계에서는 인사 여부를 놓고 그 사람의 됨됨이를 판단하기 때문이다. 연예계에 처음 발을 들여놓을 때 가장 먼저 대하는 사람들은 방송국 PD나 신문사 기자들이다. 이들 또한 인사 잘하는 연예인을 좋아한다는 것을 지나칠 수 없는 것이다.

　　가수 '보아'를 배출한 SM엔터테인먼트에서 실력을 기르기에 앞서 가장 먼저 하는 것이 바로 예절 교육이라고 한다. 한마디로 가수이기 이전에 좋은 품성을 갖추도록 하는 것이다. SM의 초기 멤버였던 HOT나 SES는 물론 보아, 동방신기도 모두 그런 과정을 이를 통해 스타의 길에 들어설 수 있었다. 그들은 예절 교육을 통해 인사가 몸에 습관화되어 있었다. 그리하여 연예 관계자나 언론, 그리고 팬들에게 친근감과 신뢰를 줄 수 있었고 또한 팬들에게서 많은 사랑을 받을 수 있었다.

　　인사만 잘해도 성공한다는 말은 결코 빈 말이 아니다. 인사는 상대방을 진심으로 환영하고 존중한다는 뜻을 담고 있다. 때문에 인사 하나만 잘해도 타인의 마음을 얻을 수 있는 것이다. 무엇보다 인사를 잘하는 사람한테서는 그렇지 않은 사람보다 더 인간적인 면모를 느낄 수 있다.

　　또 인사는 내가 존중 받는 느낌, 내 자신이 소중한 존재가 된 느낌이 들게 한다. 우리는 이런 느낌을 따라 누군가에게 끌리고 매혹당한다. 이것이 바로 인사가 지니고 있는 마력이다.

6 사람을 자석처럼 끌어당기는 힘

하늘의 해와 달은 모든 사람의 것. 인생에서 가장 소중한 것은 모두 공짜.
단지 그 멋진 공짜를 사람들이 즐기지 못하고 있을 뿐.
– 레스 브라운

'물망초'와 '인사'에 담겨 있는 뜻은 똑같다. 둘 다 '나를 잊지 마세요.'라는 뜻을 담고 있다. 인사에는 상대방에게 나를 알리는 것과 함께 나를 기억해달라는 뜻이 담겨 있다.

우리는 작은 상점이나 대형 마트, 백화점 등에서 종종 친절한 인사를 건네는 직원을 만나곤 한다. 그런 직원을 만나면 기분이 좋다. 직원이 건네는 인사가 우리에게 신뢰와 편안함을 전해주기 때문이다. 그 인사가 우리의 지갑을 열게 할 속셈을 지녔다 하더라도 기분이 좋은 건 어쩔 수 없다. 그리하여 자연스레 우리의 뇌리 속에는 그 직원은 물론 마트와 백화점의 좋은 이미지가 각인된다.

송 대리는 얼마 전 집 장만에 성공했다. 그리고 남는 여윳돈으로 자동차를 구입하기로 마음먹었다. 그동안 집을 장만하기 위해 허리띠를 졸라매고 10년 가까이 뚜벅이 생활을 해온 그였다.

그런데 막상 차량 모델을 정해놓고 보니 아는 세일즈맨이 한 명도 없었다. 그래서 그는 퇴근 후에 가까운 자동차 대리점을 방문했다. 대리점에는 두 명의 세일즈맨이 분주하게 움직이고 있었다. 한 사람은 책상에 흩어져 있는 서류를 분주히 살펴보고 있었고 또 다른 사람은 누군가와 열심히 통화를 하고 있었다.

그는 설레는 마음으로 대리점 안으로 들어서서 전시되어 있는 자동차를 한참 둘러보았지만 그때까지 아무도 인사를 건네지 않고 그저 서로 고개만 살짝 끄덕일 뿐이었다. 서로에게 송 대리의 상담을 맡기는 눈치 같았다. 잠시 기다리다 기분이 나빠진 그는 대리점을 나와 버렸다.

뒤늦게 한 세일즈맨이 뛰어나와 송 대리를 붙잡았지만 그의 마음은 이미 돌아선 뒤였다. 이미 들어올 때부터 마음이 상해 있던 터라 소용이 없었다.

다음 날 송 대리는 책상 정리를 하다 오래전에 받아놓은 자동차 세일즈맨의 명함이 카탈로그와 함께 있는 것을 발견했다. 그 순간 그는 세일즈맨의 첫인상이 머릿속에 떠올랐다. 그 세일즈맨이 방문했을 때 송 대리는 급하게 처리해야 할 일이 있어 신경이 잔뜩 곤두서 있었기 때문에 세일즈맨의 방문이 성가시게 생각되었다.

세일즈맨이 환하게 웃으며 "안녕하세요. 저는 좋은 차뿐만 아니라 기분 좋은 서비스를 판매하는 ○○○ 대리라고 합니다."라고 인사를 건넸다. 그러나 그는 "저는 차 살 일 없으니까 딴 데 가보세요." 하고 매몰차게 대했었다. 하지만 세일즈맨은 여전히 미소를 띤 채 "힘드실 텐데, 이거 드시며 하세요." 하고 말하며 음료수를 내밀었다.

송 대리는 까맣게 잊고 있었던 세일즈맨의 친절한 인상이 떠올랐다. 그러자 그때 냉랭하게 대했던 자신의 모습이 부끄러워졌다.

'아, 그렇지. 이 분한테 차를 구입하면 되겠네.'

그는 곧장 세일즈맨의 핸드폰 번호를 누르기 시작했다.

인사에는 사람을 자석처럼 끌어당기는 힘이 숨어 있다. 보통 세일즈맨들은 고객이 짜증을 내거나 매몰차게 대하면 후다닥 형식적인 인사만 하고서 나오게 마련이다.

하지만 위 사례에 나오는 세일즈맨은 끝까지 송 대리에게 친절한 미소와 인사를 잊지 않았다. 그는 그 어떤 것보다 인사의 힘이 강렬하다는 것을 알고 있는 사람이라고 할 수 있다.

가정과 학교, 직장, 어디든 인사의 힘이 미치지 않는 곳은 없다. 호감 가는 사람이 있거나 가까워지고 싶은 사람이 있는가? 그렇다면 망설이지 말고 오늘 당장 그에게 미소 띤 인사를 건네보라. 그가 나를 어떻게 생각할지 따위는 생각하지 말라. 모든 것은 오로지 '인사'에 맡겨두면 된다. 마음을 담은 인사를 건넨다면 분명 그는 달라질 것이다. 인사를 건네는 당신에게 응답을 하는 것은 물론 보이지 않는 경계의 벽이 조금씩 허물어지는 기적이 일어날 것이다.

인사의 기본

상대의 마음을 훔쳐라

칭찬을 곁들이면 인사가 맛있어진다

다시 가고 싶지 않은 식당과 다시 만나고 싶지 않은 남자의 공통점

인사하고도 욕먹는 사람이 되지 마라

마무리 인사를 잊지 마라

상대방을 끌어당기는 관심어린 인사

고개만 까딱하지 말고, 머리를 숙여보라!

내가 그의 이름을 불러주기 전에는
그는 다만
하나의 몸짓에 지나지 않았다.

내가 그의 이름을 불러주었을 때
그는 나에게로 와서 꽃이 되었다.

내가 그의 이름을 불러준 것처럼
나의 이 빛깔과 향기에 알맞은
누가 나의 이름을 불러다오.
그에게로 가서 나도
그의 꽃이 되고 싶다.

우리들은 모두
무엇이 되고 싶다.
나는 너에게 너는 나에게
잊혀지지 않는 하나의 의미가 되고 싶다.

— 김춘수, 「꽃」

1 상대의 마음을 훔쳐라

성공의 비결은 딱 한가지이다. 다른 사람의 생각을 이해하고,
상대방의 처지에서 사물을 바라볼 줄 아는 힘을 기르는 것이다.
— 헨리 포드

인사는 자신을 상대방에게 알리기 위한 수단이다. 인사를 예의 바르게 하느냐 못 하느냐에 따라 상대방에게 좋은 인상을 심어줄 수도, 그 반대일 수도 있다. 또 건네는 인사에 따라 자신의 인격이 평가될 수도 있다.

동등한 능력을 갖춘 두 사람이 있다고 하자. 한 사람은 인사를 시간과 장소, 상황에 맞추어 정중하게 하지만 다른 한 사람은 인사에 대한 기본 상식이 없는 사람이다. 여러분은 어떤 사람에게 점수를 더 주고 싶은가?

인사는 인사를 하는 사람의 인격을 표현한다. 때문에 항상 자신

있고 공손하게 인사를 건넬 수 있어야 한다. 더 나아가 보다 살갑고 친근하게 인사를 한다면 상대방에게 인상 깊은 이미지를 심어줄 수 있을 것이다.

많은 사람들이 인사를 할 때 지나치는 부분이 있다. 바로 마음의 창인 '눈'이다. 인사할 때 어떤 눈이 상대방에게 좋은 이미지, 곧 호감을 느끼게 할까? 리더십 전문가들에 따르면 눈은 눈썹과 목선을 벗어나지 않는 시선 처리와 함께 상대방의 눈을 5초 이상 바라보지 않는 것이 좋다고 한다. 게다가 눈에 보여지는 시각적인 태도가 눈에 거슬리지 않아야 한다는 것이다.

나는 이 책을 쓰는 동안 수많은 사람들을 만나면서 인사할 때의 모습, 어조, 눈빛 등을 관찰했는데 그 중에서 그들의 눈을 보며 몇 가지를 느낄 수 있었다.

밝고 침착한 눈 표정을 짓는 사람은 대부분 어떤 일을 하든지 상당히 안정적이고 성실하다. 이런 사람은 주관이 뚜렷하여 모든 일에 거침이 없다.

다른 사람과 대화할 때 상대의 눈을 똑바로 보는 사람은 대부분 감수성과 감각이 발달한 사람으로 상대의 심리를 잘 꿰뚫어본다. 이런 사람은 마음이 넓고 포용력이 있다. 일을 할 때는 침착하고 용기가 있으면서도 거칠지 않다.

사람들 중에는 대화 도중에 계속 눈동자를 움직이는 사람이 있다. 이런 사람은 지금 거짓말을 하고 있거나 심리적으로 불안한 상태에 놓여 있다. 지금 말 못할 비밀을 숨기고 있을 수도 있다.

눈빛에 힘이 없는 사람은 판단력과 분석력이 부족한 사람이다. 그리고 눈은 빛나지만 불안정한 것은 정서적으로 불안정하고 경솔하다는 것을 의미한다. 이런 사람들은 생각하기를 싫어하고 어떤 일을 하든지 경솔하고 충동적으로 일을 처리하기가 쉽다. 이런 사람은 거짓말쟁이 성향도 있어서 다른 사람들에게 쉽게 신뢰감을 주지 못한다.

이처럼 우리는 눈빛 하나만으로도 상대방의 심리를 파악할 수 있다. 따라서 어떤 눈빛으로 상대방에게 인사를 하느냐에 따라 좋은 관계의 시발점이 될 수도 있고 그 반대가 될 수도 있다.

누군가 당신에게 "첫인상이 부드럽다."라고 말했다면 당신의 눈빛이 부드러웠기 때문일 것이다. 그러나 "사람이 왜 저리 차갑게 보여?" 하고 말했다면 분명 상대방을 대하는 눈빛이 차가웠을 것이다. 이처럼 눈빛은 첫인상을 좌지우지한다.

눈빛을 보면 그 사람의 심리 상태를 알 수 있다. 상대방이 어떤 생각을 하고 있는지, 나에 대해 호감을 갖고 있는지, 나쁜 감정을 갖고 있는지……. 눈은 사람의 마음을 가장 잘 표현해주는 '마음의 창'이다. 상냥한 눈, 부드러운 눈, 가벼운 눈, 날카로운 눈, 차가운 눈, 탐욕스러운 눈……. 당신은 누군가를 대하거나 인사할 때 어떤 눈빛을 띠는가? 상냥하고 부드러운 눈이라면 상대방은 당신을 친절한 사람으로 생각할 것이다. 그러나 날카롭거나 차가운 눈이라면 냉정한 사람으로 여길지도 모른다.

아무리 표정이 밝더라도 눈빛이 날카롭거나 차갑다면 상대방이 좋게 봐줄 까닭이 없다. 그동안 당신은 알게 모르게 관리되지 못한 눈빛으로 수많은 사람들을 떠나보냈는지 모른다. 이제 더는 방치하지 말자. 당신이 간절히 원하는 성공의 열쇠가 바로 사람들 즉, 인간관계 속에 씨앗처럼 숨어 있기 때문이다.

자, 지금 당장 거울 앞에 서서 자신의 눈빛을 바라보자. 따뜻한 눈, 상냥한 눈, 부드러운 눈을 연습해보자. 누구나 당신을 만나면 '왠지 모르게 편안해.' '참 친절한 사람 같아.' 하는 느낌을 온전하게 전할 수 있을 때까지.

2
칭찬을 곁들이면 인사가 맛있어진다

친절하라. 왜냐하면 당신이 만나는 사람 대다수는
지금 힘겨운 싸움을 하고 있는 중이니까..
— 조 페티

　　국내 대표적인 우량 기업의 CEO가 만약 자기에게 리더십의 비결이 있다면 그것은 가능한 빠른 시간 안에 많은 실수를 하고, 그렇게 해서 그런 실수를 더 이상 저지르지 않는 역량을 갖추는 것이라고 말한 적이 있다. 또 다른 유망한 기업의 CEO는 "실수는 다른 것들을 할 수 있는 또 다른 길에 지나지 않는다."라고 말하기도 했다. 이들은 잘 풀리지 않는 일을 통해서도 경영이나 리더십에 도움이 되는 뭔가를 배운다고 했다.

　　누구나 실수를 할 수 있다. 단 한번의 실수도 하지 않는 사람이 있다면 아무런 일도 하지 않는 사람일 것이다. 실수를 두려워한다면 결코 어떤 계획도 행동으로 옮길 수 없다. 행동을 하지 않는 사람이 어떻게 성공을 이룰 수 있겠는가?

실수를 하게 되면 자신도 모르게 의기소침해진다. 또 누군가 실패를 약점으로 삼을지도 모른다는 생각에 다른 사람들을 경계하게 된다. 이는 바깥으로 향하는 출입문을 스스로 꼭꼭 잠그는 것과 다를 바 없다. 마음을 닫고서는 결코 좋은 인관관계를 유지할 수 없다. 자연히 인생의 보물은 다른 사람의 손에 넘어갈 것이다.

누군가 실수를 하거나 잘못을 했을 때 화를 내며 질책하기를 좋아하는 사람이 있는가 하면, 오히려 좋은 점을 들어 칭찬하고 용기를 북돋워주는 사람이 있다. 당연히 사람들은 칭찬을 아끼지 않는 사람에게서 힘을 얻는다. 칭찬을 들으면 왠지 모르게 기분이 좋아지고 열정이 샘솟는다. 또 상대방이 나를 칭찬하면 나를 인정하고 존중한다는 뜻이 마음으로 전해진다.

K개발의 기획부에서 일하는 이 대리가 자신만만하게 밀어붙이던 프로젝트가 실패로 끝나고 말았다. 그 일로 인해 그는 깊은 좌절감에 빠졌다.

동료들은 이 대리를 보며 비난의 화살을 날렸다.

"잘한다 잘한다 하니까 기어오르더니 샘통이다."

"까불 때부터 알아봤어. 고소해.'

경쟁자인 동료들은 평소 그가 자신감으로 가득 차 있을 때 늘 위기의식을 느껴왔다. 그랬던 터라 뒤에서 이 대리를 보며 수군거렸다.

하지만 김 부장이 이번 프로젝트의 실패 원인을 분석해본 결과 좀 더 신중하지 못한 데에 원인이 있다는 것을 알았다.

'이 대리는 추진력도 있고 자신감도 좋은데 덜렁대서 탈이야.'

사실 이 대리는 자신에게 주어진 이번 임무에서 좋은 성과를 내고 싶은 욕심에 마음이 들떠 있었다. 그리고 결국 신중하게 일을 마무리 짓지 못했다.

그러나 김 부장은 프로젝트를 진행하는 과정에서 이 대리가 보여준 강한 추진력에 깊은 감명을 받았다.

김 부장은 이 대리를 불렀다. 이 대리는 프로젝트를 실패로 이끈 자신에게 김 부장이 심한 질책을 할 거라고 생각해 잔뜩 주눅이 들어 있었다.

김 부장은 부드럽게 말을 꺼냈다.

"이번 프로젝트 실패로 인해 누구보다 자네가 힘들었을 걸세. 하지만 나는 이번 일로 자네의 강한 추진력을 높이 사게 되었네. 추진력만큼은 회사에서 자네를 따라 올 사람은 없더군. 다음에는 그 추진력에 신중함만 더하면 반드시 성공할 수 있을 걸세."

이 대리는 질책이 아닌 칭찬의 말에 눈이 휘둥그레졌다. 뿐만 아니라 김 부장의 칭찬에 감격한 나머지 그만 눈물까지 보일 뻔했다.

칭찬은 바보도 천재로 만든다. 칭찬은 우리가 알고 있는 이상으로 위대한 힘을 지니고 있다. 결코 '칭찬'을 아껴선 안 된다. 특히 평소 사이가 좋지 않거나 냉랭한 사이라면 더욱 더 칭찬하라. 건성으로 하는 칭찬이 아닌 그의 공적이나 뛰어난 점을 들어서 칭찬한다면 그는 분명 기뻐할 것이다.

상대방의 마음을 움직이기 위해서는 칭찬을 효과적으로 할 수 있는 요령이 필요하다. 질책해야 하는데도 지나치게 칭찬하거나 거짓말을 하거나 과장해서 칭찬하는 것은 피해야 한다. 시간이 지나면서 진실이 드러날 것이기 때문이다.

나는 인사를 건넬 때 곁들이는 칭찬을 맛있는 칭찬이라고 말한다. 인사를 할 때는 '맛있는 칭찬'을 아끼지 않아야 한다. 인사야말로 어떤 상황에서보다 맛있는 칭찬이라는 조미료가 필요하다.

예를 들어, "오늘 입은 원피스가 정말 근사한데요." "얼굴이 환하신 걸 보니 무슨 좋은 일이라도 있으신 모양이에요." "이번 프로젝트 성공적으로 이끄셨다면서요. 정말 축하합니다." 같은 칭찬을 인사에 곁들인다면 상대방은 선물을 받은 것처럼 마음이 흐뭇할 것이다. 또 상대방의 즐거운 표정을 보고 있는 사람 또한 즐거울 것이다.

칭찬도 해본 사람이 잘하고 할수록 느는 것이다. 칭찬을 하다 보면 성격도 쾌활해지고 밝아진다. 또한 다른 사람들의 부정적인 부분보다 긍정적인 부분을 보게 된다. 좋은 점을 발견해야 칭찬을 할 수 있기 때문이다.

3
다시 가고 싶지 않은 식당과
다시 만나고 싶지 않은 남자의 공통점

그간 우리에게 가장 큰 피해를 끼친 말은 바로
"지금껏 항상 그렇게 해왔어."라는 말이다.
— 그레이스 호퍼

며칠 전 친구들과 조촐한 모임을 가진 적이 있다. 그때 한 친구가 낙지 요리를 잘 하는 곳이 있다고 해서 그리로 가기로 했다. 그런데 마침 그날따라 친구가 말한 곳이 쉬는 날이었다. 그래서 우리는 근처에 있는 다른 식당으로 들어갔다. 그런데 우리가 식당 안으로 들어갔을 때 아무도 우리에게 인사를 건네는 사람이 없었다.

머쓱해진 우리는 의자에 앉고서 서로 얼굴만 쳐다보았다. 저녁 시간인데도 식당에는 손님이 우리밖에 없었다. 한참 후에야 지저분한 앞치마를 입은 한 아주머니가 물병을 내왔다. 나는 그 순간 입맛이 싹 달아나버렸다.

한 친구가 "우리 그만 다른 데 가자. 술맛 안 나겠는데." 하고 낮게 말했다. 하지만 다른 친구가 이미 자리에 앉았는데 도로 나간다면 예의가 아닌 것 같다고 해서 음식을 주문하게 되었다. 잠시 후 나온 음식은 기가 막혔다. 간이 짠 데다 화학조미료 맛이 너무 강했다. 결국 우리는 먹는 둥 마는 둥 하고 나왔다. 우리가 계산하고 식당 문을 나서는데 어느 누구도 잘 가라는 인사를 건네지 않았다.

게으른 사람은 식당할 생각을 절대로 하지 말라는 말이 있다. 세상은 부지런한 사람에게는 한없이 너그럽지만 게으른 사람에게는 가혹하리만치 고된 곳이다. 게을러서는 되는 일이 없다. 영업시간과 상관없이 새벽부터 밤늦게까지 부지런히 몸을 움직여야 하는 식당주인이라면 더 말할 나위 없다. 적당히 청소하고 손님들과 인사는커녕 눈도 마주치지 않으려는 사람은 식당을 해선 안 되는 사람이다.

또 평소에 깨끗하지 못한 사람은 두말할 필요도 없을 것이다. 제 몸 하나도 청결하게 하지 않는 사람이 어찌 그 많은 식자재와 식기, 주방집기들을 깨끗하게 보살필 수 있을까? 그런 식당의 음식을 기분 좋게 돈 내고 먹으려는 사람은 세상에 단 한 사람도 없을 것이다. 어디 식당뿐이겠는가? 어떤 사업, 무슨 일이든 마찬가지이다.

내 주위에 결혼을 힘들게 한 선배가 있다. 그 선배는 직장도 그런대로 괜찮고 외모 또한 남들과 견주어 크게 빠지지 않았다. 그런데 그 선배는 선을 볼 때마다 퇴짜를 맞았다. 직장 사람들은 물론 선후배, 친구들은 결혼 적령기를 이미 넘어서버린 선배를 장가보내기 위해 안간힘을 썼다. 그러나 아무리 자리를 주선해보았지만 모두 헛일이었다. 아무도 선배와 다시 만나려 하지 않았다. 나는 혼자서 왜 그럴까 하고 생각해보았다. 그리고 내 나름대로 문제점을 하나 발견할 수 있었다. 그것은 바로 선배가 청결하지 않다는 것이었다.

선배는 씻는 것을 귀찮아하는 성격이었다. 그래서 머리도 겨우 일주일에 한두 번 감고 목욕도 몇 달에 한번 할까 말까 할 정도였다. 그래서 가까이서 대화를 하거나 함께 밥을 먹을 때면 선배 몸에서 나는 역겨운 냄새 때문에 나도 모르게 인상을 찡그리곤 했다. 특히 어깨에 수북이 쌓여 있는 비듬을 볼 때면 속이 울렁거리기까지 했다. 여러분 앞에 앉아 있는 사람의 어깨에 비듬이 수북이 쌓여 있다고 생각해보라. 아무런 친분도 없는 사람이 그런 모습을 볼 때 어떤 마음이 들겠는가?

어느 날 밤, 선배가 나를 불러냈다. 선배는 혼자 포장마차에서 소주잔을 기울이고 있었다. 이미 혼자서 두 병 가까이 마신 터였다. 선배의 얼굴은 좌절에 빠진 사람에게서나 볼 수 있는 슬픈 표정이었다.

나는 가만히 선배와 술잔을 기울였다. 시간이 얼마나 흘렀을까? 난데없이 선배가 입을 열었다.

"벌써 스무 번 넘어. 여자한테 차인 게. 이젠 지긋지긋하다. 신경 써주는 사람들한테 미안하고."

나는 선배에게 그저 "힘내, 앞으론 잘될 거야. 아직 인연을 못 만난 거라고 생각해." 하고 말했다. 하지만 마음속으로는 '형, 여자들은 청결한 남자를 좋아해.' 하고 말하고 있었다.

그 후로 일 년이 지났을까, 그 선배에게서 결혼한다는 소식을 들었다. 그땐 정말이지 내가 당사자인 것처럼 행복하기까지 했다. 선배가 결혼에 골인할 수 있었던 것은 나와 만난 뒤 몇 번 더 나간 소개팅 자리에서 한 아가씨에게서 "그동안 결혼할 수 없었던 이유를 알겠네요. 어깨 위에 비듬 좀 보세요. 어느 여자가 상규 씨에게 호감을 느낄 수 있을까요?" 하는 자존심 구기는 말을 듣고 나서다. 그 당시에는 그 말이 마음에 상처를 준 독이었지만 결국엔 약이 되었던 것이다. 그때부터 선배는 자신을 가꾸기 시작했다. 옷을 단정하게 입었을 뿐만 아니라 자주 목욕을 했고 날마다 머리를 감았다. 그런 노력 끝에 선배는 결국 결혼을 할 수 있었다.

사람은 누구나 청결한 사람을 좋아한다. 청결한 외모만큼이나 내면도 아름답고 깨끗할 거라고 생각한다.

사람을 절대 겉모습으로 판단해선 안 된다는 말도 있다. 그러나 현실 세계에선 먼저 상대방의 겉모습을 보고 내면을 판단하는 경향이 많다. 이는 어쩔 수 없는 노릇이 아닌가.

　　자신의 외모를 가꾸지 않는 사람은 상대방을 배려하는 마음이 결여되어 있다고 볼 수 있다. 심하게 말하면 이기적인 사람이다. 남을 배려할 줄 아는 사람들은 낡은 옷을 입더라도 늘 청결에 신경을 쓴다. 자신을 가꾸기 때문에 사람들에게 호감과 신뢰를 줄 수 있고 좋은 인간관계를 맺을 수 있는 것이다.

인사하고도 욕먹는 사람이 되지 마라

마음이 담긴 인사는 상대방에게 호감을 준다. 건네는 인사에 상대방에 대한 배려가 숨어 있기 때문이다. 하지만 상황에 맞지 않게 하는 인사는 호감은커녕 거부감만 일으킬 뿐이다. 상황에 맞게 할 때 더욱 빛나는 것이 바로 인사이다.

정 대리는 새로 입사한 K가 마음에 들지 않는다. 이유는 그 무엇도 아닌 지나친 인사 때문이다.
K는 아침마다 정 대리에게 큰 소리로 "안녕하세요? 선배님." 하고 인사한다. 그런데 단 몇 분 뒤에 복도에서 마주쳐도 역시 큰 소리로 "안녕하세요? 선배님." 하고 인사를 건넨다. 처음에는 K의 이런 인사성이 마음에 들었지만 이제는 거부감마저 느낀다. 멀찍이 K가 보이면 정 대리는 잠시 피했다가 그가 지나간 뒤에 볼 일을 보곤 한다.
이는 다른 동료들도 마찬가지다. 하루에 수십 번씩 씩씩하게 인사하는 K를 보며 화를 낼 수도, 그렇다고 인사를 그만하라고 질책할 수도 없는 노릇이다. 다만 모두들 K가 왜 모두 자신을 보며 슬슬 피하는지 그 이유를 스스로 알아차리기를 기다리고 있다.

K는 인사성이 밝은데도 동료들에게 호감을 사지 못하고 있다. 이유가 무엇일까? 그것은 바로 상황에 맞지 않는 지나친 인사법 때문이다. 직장에 출근해서 상사나 동료들을 만나면 명랑하게 인사를 건네는 것은 당연하다. 그러나 다시 만나게 될 때는 밝은 표정과 함께 가볍게 목례를 하는 것이 상대방에게 거부감을 일으키지 않는 자연스러운 인사법이다.

내가 만나는 사람들 가운데 상대의 눈을 보지 않고 땅을 보며 인사하는 사람이 있다. 또 인사하면서 아무 말도 하지 않는 사람, 인사하는 도중에 말을 끊는 사람도 있다. 특히 손가락을 구부리듯이 고개만 까딱하며 인사하는 사람도 있다. 이런 사람은 인사하고도 욕먹는 사람들이다.

윗사람에게 잘 보이려는 마음에서 지나치게 인사를 남발하는 사람들이 있다. 어떤 이는 일부러 상사의 눈에 잘 띄기 위해 그가 가는 길목에 서 있다가 인사를 건네곤 한다. 하지만 이런 모습은 좋지 않다. 이는 자신의 이미지를 좋게 만드는 것이 아니라 오히려 망가뜨리는 것이다. 비록 자기 자신은 그렇지 않은 동료들보다 상사에게 좋은 점수를 딴다고 생각할지 모르나 상사는 '일이나 똑바로 하지.' 하고 생각할 테니까 말이다.

한창 일을 하고 있을 때는 어떻게 인사해야 할까? 만일 인사할 정도의 여유가 있다면 상황에 맞게 가볍게 목례를 하면 된다. 하지만 인사를 할 여유가 없는 경우에는 생략해도 좋다. 상사는 여러분이 자신을 무시하는 것이 아니라 '작업 중'이기 때문에 인사를 생략한다는 것을 알고 있기 때문이다. 만일 이때 작업을 멈추고서 인사한다면 상사는 인사성이 밝은 사람으로 생각하기보다 상사에게 잘 보이기 위해 눈도장이나 찍으려는 가벼운 사람 정도로 인식할 수 있다.

사람들은 대부분 퇴근 인사를 올바르게 못하는 경향이 있다. 퇴근 인사는 하루 동안의 수고에 대해 서로 위로를 나누는 인사이다. 하지만 이때 아랫사람이 윗사람에게 "수고하셨습니다!" "수고하세요!"라고 하는 것은 옳지 않다. 이런 인사는 동료나 후배에게만 사용한다.

상사에게는 "먼저 실례하겠습니다." 하고 인사하는 것이 좋다. 그러면 상사는 부하 직원에게 "수고했어요." 하고 답례하면 된다. 만일 가장 늦게 퇴근할 경우에는 "안녕히 가십시오."라고 하면 된다.

우리가 인사할 때 특히 주의해야 할 곳이 있다. 사람들이 인사를 하고도 욕먹는 곳, 바로 화장실이다. 화장실에서는 큰 소리로 인사하지 않는다. 다만 눈이 마주칠 경우 가볍게 목례를 하면 된다.

우리가 하는 말 속에는 말하는 사람의 마음가짐이 담긴다. "고맙습니다." 하는 말 속에는 감사의 마음이 담기고, "미안합니다." 하는 말 속에는 반성하는 마음이 담긴다. "덕분입니다.' 하는 말 속에는 겸허한 마음이, "그렇습니다." 하는 말 속에는 긍정의 마음이 담긴다. 따라서 인사를 할 때는 되도록 이런 향기 나는 긍정적인 말을 곁들이는 것이 좋다. 인사를 건네는 사람, 받는 사람 모두 마음이 유쾌해지기 때문이다.

무엇보다 인사는 상대방에게 거부감을 일으키지 않도록 상황에 맞게 하는 것이 중요하다. 그리고 내가 먼저 상대의 눈을 보며 큰 소리로 상대에게 맞는 인사를 해야 한다. 하루아침에 인사를 잘하기란 결코 쉽지 않다.

그러나 꾸준히 인사를 반복해서 연습한다면 머지않아 누구라도 '스마일 맨'으로 불릴 것이다.

마무리 인사를 잊지 마라

새로운 것을 보는 것만이 중요한 게 아니다.
모든 것을 새로운 눈으로 보는 것이야말로 정말 중요하다.
— 알베로니

　우리는 누군가를 만나면 자연스레 인사를 건넨다. 하지만 대화가 끝나거나 용건을 마쳤을 때는 어떤가? 끝인사로 만남을 잘 마무리하는 사람이 있는가 하면 다시는 안 볼 사람처럼 지나치는 사람도 있다.
　무슨 일이건 마무리가 중요하다. 인사도 이와 다르지 않다. 끝인사는 반드시 잊지 않고 정중하게 건네야 한다. 끝인사를 할 줄 모르는 사람은 좋은 인간관계를 맺을 수 없다. 사람들 뇌리에 '기본이 안 된 사람' 혹은 '버르장머리 없는 사람'이라는 인식이 자리잡기 때문이다.

　"그 사람 정말 왜 그래?"

"한두 번도 아니고 말이야."

S개발 박 과장은 협력업체인 M상사 K부장이 다녀간 후면 늘 기분이 좋지 않았다. K부장은 사무실에 들어오거나 나갈 때 인사를 하는 법이 없었다.

박 과장은 처음에는 그러려니 했다가 이제는 K부장을 대하기가 꺼려지는 마음이 들었다. 그래서 이제는 K부장이 방문하겠다고 하면 바쁘다고 피하기도 한다. K부장을 만나고 나면 불쾌한 기분이 돼서 업무에까지 지장을 주기 때문이다.

"사람이 갈 때는 적어도 간다는 인사 정도는 하고 가야 하는 거 아닌가."

박 과장이 툴툴대자 옆에 있던 김 대리가 웃으며 대꾸했다.

"과장님, 그 분 인사성 없고 싹수없는 거 잘 알잖아요. 그러려니 하세요."

"나 원 참!"

K 부장처럼 끝인사 없이 헤어지는 사람은 어디엘 가더라도 환영받지 못한다. 환영은 내가 먼저 상대방을 진심으로 환영했을 때 돌아오는 '반가운 응답'이기 때문이다. 하지만 K부장은 어떤가? 사무실에 들어올 때 흔적은 있어도 갈 때는 다시는 오지 않을 사람처럼 한다. 끝인사가 뭐 그리 대단하냐고 반문할지도 모르겠다. 그렇다면 이렇게 생각

해보자. 당신이 열심히 노력해서 일을 했는데 끝마무리를 제대로 하지 않았다면 당신이 한 일을 바라보는 상사나 동료들의 시선이 어떻겠는가? 힘들게 일하고서 마무리를 잘 못해서 욕을 먹을 필요는 없지 않겠는가?

끝인사를 하지 않고 헤어지면 상대방의 기분을 상하게 할 수 있다. 이는 인간관계에서 그 무엇보다 치경적인 약점이 될 수 있다는 것을 잊어선 안 된다.

조금만 관심을 기울이면 얼마든지 기분 좋게 헤어질 수 있다. 상대방에게 "그럼 또 뵙겠습니다. 수고하십시오." "오늘 말씀 정말 고마웠습니다. 큰 힘이 되겠습니다." "바쁘신데도 이렇게 시간을 내주셔서 감사합니다." 같은 끝인사를 나누는 순간 상대방과의 관계는 더욱 친밀해진다. 끝인사 속에 상대방을 존중하는 마음이 담기기 때문이다.

아무리 바쁘더라도 끝인사는 잊지 말아야 한다. 끝인사는 계속 좋은 만남을 유지하고 싶다는 뜻을 담고 있다. 좋은 인간관계를 형성하고 있는 사람들은 하나같이 첫인사와 마찬가지로 끝인사를 잊는 법이 없다. 오히려 끝인사를 상대방에게 자신의 좋은 이미지를 심는 좋은 기회로 활용한다. 성공의 씨앗은 사람 속에, 즉 인간관계 속에 숨어 있다는 것을 잊지 말라.

5 상대방을 끌어당기는 관심어린 인사

> 정말로 행복한 나날이란 멋지고 놀라운 일이 일어나는 날이 아니라
> 진주알들이 하나하나 한 줄로 꿰어지듯이
> 소박하고 자잘한 기쁨들이 조용히 이어지는 날들인 것 같아요.
> ― 『빨강머리 앤』

"단순히 돈을 주는 것으로 만족하지 마세요. 돈만으로는 충분치 않아요. 돈보다 그들에게 필요한 것은 그들을 사랑하는 당신의 마음입니다. 그러니 당신이 어느 곳에 가든지 당신의 마음을 널리 전하세요."

마더 테레사 수녀의 말이다. 사람의 마음을 움직이는 건 재물이 아닌 마음이다. 재물로 얻은 사람은 재물이 바닥나면 그 관계가 다할 수 있지만 마음으로 얻은 사람은 어떤 시련에도 흔들리지 않는다.

사람들은 대부분 자기중심적으로 생각한다. 내가 무엇을 좋아하고, 무엇이 되고 싶은지, 무엇을 원하는지……. 사람들은 대개 자신을 생각하는 것처럼 남을 생각하지는 않는다. 그런데 주위를 둘러보면

유난히 남들과 좋은 관계를 유지하는 사람들이 있다. 그들의 말을 들어보면 한결같이 타인에게 '관심'을 가지라고 말한다. 관심이야말로 상대방과 나를 잇는 징검다리 역할을 한다는 것이다.

'관심'이란 무엇일까? 사람마다 관심에 대해 내리는 정의는 다를 것이다. 내가 생각하는 관심이란, 그가 무엇을 좋아하고 싫어하는지와 같은 차원을 넘어 마음을 열고 먼저 다가가는 것이라고 할 수 있다.

관심에 있어 가장 중요한 것은 바로 상대를 진심으로 존중하고 배려하는 마음이다.

그러나 타인에게 관심을 가지기란 말처럼 쉽지 않다. 팔이 안으로 굽듯이 자꾸만 나에게로 쏠리는 관심을 어떻게 타인에게로 돌릴 수 있을까? 누군가를 사랑하면 끊임없이 그 사람에게 관심을 갖게 되듯, 타인들을 대할 때도 그런 관심을 가지면 된다.

그러한 마음을 얻기 위해 일부러 듣기 좋은 말을 늘어놓을 필요는 없다. 그 사람이 무엇을 원하는지 관찰하고 그의 이야기에 귀 기울여보라. 이것이 바로 관심의 시작이다. 관심을 가지고 보아야만 그 사람이 진정 원하는 것을 알고 배려할 수 있다.

관심을 사소하게 여기는 사람들이 있다. 그러나 이는 너무나 큰 오산이다. 사소한 관심의 힘이 얼마나 큰지 성찰할 필요가 있다.

김춘수 시인의 시 「꽃」에 이런 시구가 나온다.

"내가 그의 이름을 불러 주었을 때 그는 나에게로 와서 꽃이 되었다."

누군가 내 이름을 기억해주고, 어려움을 겪고 있을 때 격려해주고, 내 이야기에 귀 기울여주었을 때 얼마나 큰 위안이 되었는가? 이처럼 '관심' 어린 인사는 사람의 마음을 활기차게 하고 긍정적으로 변화시키는 힘이 있다. 또한 마음을 굳게 닫고 있던 사람도 따뜻한 관심으로 스스로 마음의 문을 열게 할 수 있다. 사람이라면 누구나 관심과 이해를 간절히 바라기 때문이다.

타인의 존재와 삶을 긍정하고 존중하는 마음으로 건네는 따뜻한 인사 한마디는 천금을 주고도 살 수 없는 소중한 값어치를 지닌다.

6
고개만 까딱하지 말고, 머리를 숙여보라!

> 그대가 가진 최선의 것을 세상에 주어라.
> 그리하면 최선의 것이 돌아오리라.
> — M.A. 베레

    인사가 습관화되지 않은 사람들은 직장이나 바깥에서 아는 사람을 마주치더라도 고개만 살짝 끄덕이곤 한다. 그저 허공에 대고 던지듯이 하는 인사, 성의 없이 내뱉는 인사는 상대방에게 결코 좋은 이미지를 줄 수 없다.

    인사에는 자신의 진심과 상대방에 대한 따뜻한 마음이 담겨야 한다. 그래야만 진정한 인사라고 할 수 있다. 그저 예의만 지키기 위해 하는 형식적인 인사는 상대방의 기분만 상하게 할 수 있다.

    이 과장은 기획회의를 마치고 나오다 복도에서 김 대리와 박 대리를 만났다. 박 대리가 미소지으며 예의 바르게 목례를 하는 것과 달리 김 대리는 건성으로 머리만 약간 끄덕였다.

'김 대리, 너까지 나를 무시한다 이거지? 그래 어디 두고 보자.'

아침부터 최 부장에게 질책을 받은 이 과장은 심기가 불편했다. 누가 건드리기라도 하면 화풀이를 할지도 모를 심정이었다. 이 과장은 화를 꾹꾹 참으며 김 대리의 뒷모습을 잠시 바라보았다.

그날 오후였다.

"김 대리, 기안서 다 됐으면 가져와."

이 과장은 차가운 어조로 김 대리에게 말했다.

"과장님, 그게 저 …… 네 시까지 올리도록 하겠습니다."

순간 이 과장은 마음속으로 '그래 너 오늘 잘 걸렸다!' 하고 생각했다.

"김 대리, 내가 분명 두 시까지 하라고 했을 텐데."

"……."

"자네는 상사가 하는 말이 말 같지 않아? 일하기 싫으면 관둬! 일하겠다는 사람 줄 섰으니까!"

김 대리는 기어들어가는 목소리로 말했다.

"죄송합니다."

이 과장은 아침에 자신을 보며 살짝 고개만 끄덕인 김 대리의 모습이 떠올랐다. 그러자 순간적으로 화가 치밀었다.

"하기야 상사에게 인사도 제대로 안 하는 사람이 일이라고 제대로 할 까닭이 있겠어? 쯧쯧!"

"……."

"사람은 자고로 예의가 발라야 하는 법이야."

김 대리는 그제야 이 과장이 오늘따라 왜 이렇게 매몰차게 몰아붙이는지 이유를 알 것 같았다.

하지만 이미 엎질러진 물이었다.

성의 없는 인사는 괜한 오해를 부를 수 있다. 성의 없는 인사를 받은 사람은 상대방이 자신을 무시했다고 생각하기 십상이다.

나는 여러 사람들에게 어떤 인사를 받을 때 가장 기분이 나쁜지 물어보았다. 그중에서 가장 많은 사람들이 꼽은 다섯 가지는 다음과 같다.

첫째, 고개만 끄덕이는 인사

둘째, 아무런 동작 없이 말로만 하는 인사

셋째, 망설이다가 하는 인사

넷째, 표정 없는 인사

다섯째, 상대방을 쳐다보지 않고 하는 인사

이런 인사는 상대방을 기분 나쁘게 하고, 경망스럽게 보일 뿐만 아니라 무시당하는 느낌이 들게 한다. 아무리 바쁘고 좋지 않은 감정이 있더라도 이런 인사는 반드시 피해야 한다.

> **Tip** ★ **기분 나쁜 인사 5가지**
> 1. 고개만 끄덕이는 인사
> 2. 아무런 동작 없이 말로만 하는 인사
> 3. 망설이다가 하는 인사
> 4. 표정 없는 인사
> 5. 상대방을 쳐다보지 않고 하는 인사

04 인사의 기술

내가 먼저 하라
밝고 부드럽게 하라
정성을 다해서 하라
진정한 인사는 대가와 상관없다
칭찬은 인사의 완성이다
유머를 곁들여라
스킨십을 적절히 활용하라
또 하나의 인사, 악수
인사도 꾸준한 연습이 필요하다

먼저 다가가서 손을 내밀고 인사하는 일은 항상 큰 사람이 한다.
— 데이빗 J. 슈워츠(미국의 경영학자)

인사는 술을 담그는 데 있어 누룩과 같은 것이다.
— 『예기』

1 내가 먼저 하라

마음은 우산과 같다.
타인을 향해 활짝 펼쳤을 때 가장 쓸모가 있다.
— 월터 그로핀스

 아침 출근길에 엘리베이터를 탈 때를 생각해보자. 날마다 같은 시간에 함께 엘리베이터를 타지만 인사하는 사람이 몇이나 있는가? 문이 열릴 때마다 사람들이 타지만 저마다 딱히 시선을 둘 데가 없어 눈을 감거나 타인의 뒤통수를 쳐다보곤 하지 않는가?
 얼굴을 알면서도 인사를 하지 않는 횟수가 반복되다 보면 습관이 되고 만다. 이런 습관은 우리도 모르게 마음을 무겁게 짓누른다.
 함께 엘리베이터를 타는 사람들에게 먼저 인사를 건네면 어떨까? 상황은 확연히 달라질 것이다. "안녕하세요?" 하고 인사하는 순간 낯섦은 사라지고 친근감이 들기 시작한다. 물론 처음에는 서먹할 수 있겠지만 며칠만 지나면 언제 그랬냐는 듯이 서로에 대해 안부도 묻고 마음을 나누는 놀라운 일이 벌어질 것이다. 이것이 바로 인사가 가지고 있는, 사람을 끌어당기는 흡인력이다.

"○○씨, ○○대학 출신 맞지? 그 대학 출신들은 다들 왜 그래?"
"그 친구, 대체 왜 그 모양이야? 신입사원 주제에 툭하면 지각이나 하고 사람을 봐도 도무지 인사할 줄을 몰라요. 책상은 또 왜 그리 지저분한지……."

이런 말을 듣는 사람이라면 한마디로 앞날이 걱정되는 스타일이다. 한번 상사나 동료들에게 부정적으로 인상이 박히면 그 이미지를 바꿔놓기가 여간 어렵지 않을 것이기 때문이다.

선후배 사이에 예의가 필요한 학교나 다양한 개성을 지닌 사람들이 모여서 일하는 회사에서 공부나 일을 떠나 무엇보다 중요한 것이 인사성이다. 인사성이 밝은 사람은 겸손하고 다른 사람을 배려하는 미덕을 지니고 있다고 볼 수 있다.

프로야구 김성근 감독과 K1 파이터 최홍만 선수의 가슴 따뜻한 이야기가 있다.

김 감독이 일본 지바 마린스에서 코치로 있던 시절에 있었던 일이다. 어느날 김코치는 덕아웃으로 가기 위해 코치실을 나서다 깜짝 놀라 엉덩방아를 찧을 뻔했다. 문앞에 2m 18cm의 큰 키를 자랑하는 최홍만 선수가 서 있었기 때문이다. 최홍만은 이날 시구 행사에 초청돼 마린 스 스타디움에 온 길에 인사를 건네기 위해서 김 코치를 찾은 것이었다.

최홍만은 큰 덩치를 숙이고 마음을 담아 인사를 했고 김 코치는 그제야 웃음으로 답할 수 있었다. 짧은 순간에 안부 인사와 함께 악수를 나눈 것뿐이었지만 주위는 몰려든 사람들로 북적였다.

사실 최홍만이 김 코치를 이처럼 특별히 챙길 이유는 없었다. 연초에 일본으로 가는 공항에서 처음 만나 에이전트의 소개로 인사를 나눈 것이 고작이었기 때문이다.

김 코치는 취재하던 기자에게 이렇게 말했다.

"그 정도로 매너가 있는 선수인지 몰랐다. 대단히 심지가 바른 친구이다. K1에서 큰 성공을 거뒀는데 끝까지 예의를 갖추는 모습에 주위의 코치들을 비롯한 일본 사람들이 많이 놀라 하더라. 한국 사람이란 것이 자랑스러웠다."

먼저 인사하라!

인사에는 마음을 열고 타인을 맞는다는 뜻이 담겨 있다. 인사는 자신에 대해 경계심을 갖고 있는 사람에게도 편안한 이미지를 심어주는 놀라운 힘이 있다. 그래서 누군가에게 먼저 인사를 받으면 기분이 좋은 것이다. 따라서 인사만 잘해도 상대방과 나 사이의 보이지 않는 유리벽을 깨뜨릴 수 있는 것이다.

먼저 인사하는 습관을 들여라. 아무리 멋있고 능력이 뛰어나더라도 예의가 없는 사람은 인정받기 힘들다. 앞에선 추켜세우고 칭찬할지 몰라도 돌아서서 손가락질하기 때문이다.

당신에겐 꿈과 목표가 있을 것이다. 그렇다면 먼저 인사하는 습관을 몸에 익혀야 한다. 성공이라는 자물쇠를 열어줄 열쇠는 바로 그 속에 숨어 있다. 밝은 미소로 건네는 따뜻한 인사 한마디만으로도 인간관계를 친밀하게 다질 수 있다는 것을 잊지말라.

2 밝고 부드럽게 하라

당신이 추구하는 걸 얻는 건 성공이다.
그러나 당신이 뭔가를 추구하면서 좋아한다면 그건 행복이다.
— 베스 사위

"과장님! 안녕하세요."

L기업 총무팀에서 근무하는 20대 흑반의 정영미 씨. 그녀는 늦깎이로 입사했지만 지금은 모든 직원들에게 사랑받고 있다. 그녀의 비결은 무엇일까? 바로 '밝고 부드러운 인사'이다.

그녀는 누군가를 만나거나 혹은 통화를 할 때면 언제나 밝고 쾌활한 목소리로 인사한다. 그녀와 이야기를 나누다 보면 우울한 기분도 상쾌한 기분으로 바뀌게 된다. 정영미 씨를 알고 지내는 사람들은 한결같이 그녀를 기분이 상쾌해지는 청량제 같다고 말한다.

그와 달리 아름다운 외모에 업무 능력이 뛰어난데도 눈총을 받는 사람이 있다.

30대 초반의 신혜진 대리는 단정한 외모에 깔끔한 말솜씨, 뛰어난 업무 수행 능력 등을 고루 갖추었다. 그러나 그런 그녀에게 치명적인 단점이 하나 있다. 그것은 바로 인사할 때 표정이 밝지 못하다는 것이다. 그녀가 기어들어가는 목소리로 인사를 건넬 때면 마치 하기 싫은 인사를 억지로 하는 듯하다.

그래서 상사나 동료들은 "신혜진 씨, 어디 아픈 거 아냐? 안색이 어두운데?" "혜진 선배, 무슨 안 좋은 일 있어요?" "누가 보면 일 혼자 다 하는 줄 알겠어."라고 말하곤 한다.

심지어 며칠 전에는 등 뒤에서 동료에게 이런 말을 들은 적도 있었다.

"뭐야? 불만 있으면 말로 하지, 인상은 왜 쓰고 그래?"

신혜진 씨는 동료들이 왜 자신을 보며 쑥덕거리고 피하는지 그 이유를 알지 못한다. 아무도 그녀에게 인사할 때의 표정에 대해 말해주지 않았기 때문이다. 그녀의 표정이 밝지 못한 무엇보다 큰 이유는 학창시절부터 지금까지 몸에 배인 소극적인 인사 습관 때문이다.

옛말에 "웃는 얼굴에 침 못 뱉는다."라는 말이 있다. 세상에 어느 누가 밝게 웃는 낯에 침을 뱉을 수 있을까? 이 말을 거꾸로 생각해보자. 찡그린 얼굴에 침을 뱉을 수 있을까? 대답은 '그렇다' 이다. 사람들은 찡그린 표정이나 어두운 표정, 우울한 표정을 짓고 있는 사람들과는 가까이 하려고 하지 않는다. 그들과 가까이 하다 보면 자신도 모르는 사이에 부정적인 사고를 가지게 되뮌이다. 자신의 잠재력을 좀먹는 부정적인 사고로는 그 무엇도 할 수 없다. 이것이 바로 찡그린 얼굴에 사람들이 뱉는 침인 것이다.

후배들 가운데 나를 만날 때마다 유난히 밝은 목소리로 인사하는 후배가 있다. 그 후배를 만나면 나도 모르게 기분이 좋아진다. 누군가에게 우울한 전화를 받았거나 진행하는 일이 틀어져 기분이 가라앉아 있더라도 언제 그랬냐는 듯 기분이 밝아진다.

나를 부르며 후배가 건네는 밝고 쾌활한 인사 속에는 바로 서로의 존재를 긍정하고 확인하며 확장하는 힘이 있다. 이처럼 상대방과 나누는 밝은 인사는 우호적인 인간관계를 엮어주는 중요한 촉매제 역할을 한다.

3 정성을 다해서 하라

사소한 일을 하기 싫어하는 사람들을 나에게 말해준다면, 나는 그들에게
믿음이 가지 않아서 큰일을 맡길 수 없는 사람들이 누군지 알려주겠다.
― 로렌스 벨

    인사는 사람의 품격을 나타내는 중요한 요소이다. 인사를 한낱 형식이나 겉치레 정도로만 생각한다면 결코 그 안에 마음을 담을 수가 없다. 마음이 담겨 있지 않은 인사는 결코 상대방의 마음에 닿지 않는다. 마음이 담겨 있는 인사만이 상대방의 마음속 깊이 전달될 수 있는 것이다.
    마치 스님이 염불을 외듯이 인사하는 사람이 있다. 자신은 마음을 담아 인사를 건넨다고 생각할지도 모르나 상대방은 그렇게 여기지 않는다는 것에 문제가 있다. '나한테 안 좋은 감정 있나?' '인사를 하려면 제대로 하지 장난하는 것도 아니고.' '자식, 요즘 좀 잘 나간다고 선배를 무시해도 분수가 있지.' 하고 마음속으로 칼날을 세울 것이다.

상대방이 나를 보지 못해도, 나를 알지 못해도 먼저 다가가 큰 소리로 인사해야 한다. 당장은 껄끄럽고 상대방에게 내 자신을 낮추는 것 같은 생각에 주저하게 되지만 이런 마음을 뛰어넘어야 하는 것이다. 벼는 익을수록 고개를 숙인다고 하지 않던가. 먼저 인사하라!

가수 김건모는 한 텔레비전 프로그램에서 자신의 성공 비결을 '인사하기'라고 소개한 적이 있다. 무명시절 방송국에 가면 자신이 아는 가수를 비롯해서 무조건 모든 사람들에게 인사하는 것이 일이었다고 한다. 누가 알아주든 알아주지 않든 예의를 갖춰서 정중한 태도로 "안녕하세요? 신인가수 김건모입니다. 잘 부탁드립니다." 하고 인사했다는 것이다.

어느 날 가수들이 모인 한 파티에 갔는데, 그곳에서 누가 자신을 알아주든 말든 여러 선배 가수들 틈에 끼어 후배로써 최선을 다해 선배들을 모셨다고 한다. 그랬더니 그 끼를 눈여겨보던 선배 가수들이 일부러 자신을 불러 이름을 물어보곤 했을 때 다시 한번 깍듯이 예의를 갖춰 인사를 함으로써 강하게 자신을 기억시켰던 것이다.

인사는 기회의 씨앗이다. 얼마나 마음을 담아 깍듯이 인사를 하느냐에 따라 상대방에게 나를 어필할 수 있기 때문이다. 현대 사회에 누군가 나를 기억하고 알아준다는 것보다 더 강력하고 효과적인 홍보는 없다. 그가 실천한 '인사하기'는 자신의 실력을 드러낼 수 있는 기회를 잡는 데 분명히 긍정적으로 작용했을 것이 틀림없다.

인사는 무조건 열심히 고개만 숙인다고 되는 것은 아니다. 상대방의 눈을 보면서 밝은 미소와 함께 인사말뿐 아니라 친근한 말도 곁들이면 금상첨화이다. 향기가 없는 조화에는 벌과 나비가 찾아오지 않는다. 인사에 정성스런 마음이 담기지 않으면 상대방의 마음에 가닿지 않는다. 당신의 마음속에 깃들어 있는 향기를 선물한다는 마음으로 인사 하 라!

> **Tip**
>
> ★ **인사를 할 때의 얼굴 표정**
> 인사를 나눌 때는 반드시 상대의 눈을 마주하고 해야 한다. 이 '눈 마주치기'는 아주 중요하다. 만약 인사를 나누는 순간 눈이나 고개를 돌린다면 인사를 먼저 건네는 사람은 기분이 상할 수밖에 없다. 인사를 나눈 다음에도 상대방의 눈 주위를 밝고 부드러운 시선으로 바라보는 것이 중요하다. 무표정하게 다른 곳을 보거나 두리번거리지 않도록 해야 한다.
> 눈 말고도 다른 얼굴 표정에도 주의해야 한다. 입술을 굳게 다문다거나 고개를 너무 숙이는 것도 상대방을 불쾌하게 할 수 있다.

진정한 인사는 대가와 상관없다

행복한 관계를 맺으려던 올바른 사람을 찾기보다
올바른 사람이 되어야 한다.
— 에릭 버터워스

비 내리는 어느 날 오후였다. 한 노부인이 피츠버그 백화점에서 한가한 시간을 보내고 있었다. 노부인이 여러 군데 매장을 돌아다녔지만 어느 누구도 관심을 보내지 않았다. 대부분의 점원들이 그녀를 그저 구경꾼으로 생각했기 때문이었다.

그러던 중 노부인이 한 매장에 들어서자 젊은 점원이 다가와 공손하게 인사했다.

"안녕하세요? 어서 오세요."

그러자 노부인은 다가온 젊은 점원게 말했다.

"난 쇼핑하러 온 게 아닙니다. 비가 그칠 때까지 그냥 시간을 보내는 거니까 신경 쓰지 말아요."

"알겠습니다, 부인. 그럼 제가 편히 쉴 수 있도록 의자를 하나 내어 드릴게요."

점원은 미소를 지으며 의자를 내주었다.

이윽고 비가 그치자 점원은 백화점 입구까지 노부인을 친절하게 배웅했다.

노부인은 백화점을 떠나면서 그 젊은 남자 점원에게 명함을 달라고 했다.

몇 달이 지난 후, 그 백화점 사장은 한 노부인으로부터 편지를 받았다. 스코틀랜드의 저택에 가구 일체를 들여놓고 싶으니 그 청년을 보내달라는 내용이었다. 청년이 의자를 내어준 그 부인은 바로 당대 최고의 거부였던 앤드류 카네기의 어머니였다.

젊은 점원의 마음이 담긴 인사와 몸에 밴 친절이 믿을 수 없이 놀라운 소식을 가져다준 것이다.

자신의 인사를 상대방이 무시했을 때 부정적으로 생각하는 사람들이 있다.

'지가 잘났으면 얼마나 잘났다고!'

'내가 먼저 인사했으면 대꾸라도 해야 하는 거 아냐?'

이런 생각이 드는 이유는 진정한 마음에서 비롯된 인사가 아니기 때문이다. 만일 상대방에 대해 진정한 감사와 반가움, 존경을 나타내거나 친목을 도모하기 위해 한 인사라면 이런 불만이 생기지 않을 것이다.

인사는 상대방에게 호감을 나타내는 표현이다. 그런데 대부분의 사람들은 나이를 먹거나 지위, 직책이 올라갈수록 상대방이 먼저 인사하기를 기다리는 경향이 있다. 인사를 먼저 하기를 꺼리는 것이다.

그러나 이러한 생각을 과감히 떨쳐버릴 수 있어야 한다. 그래야 상대방에게 호감을 주는 인사를 할 수 있다. 특히 고객 서비스를 중심으로 하는 업종에 몸담고 있다면 고객이 다가와 문의하거나 요구하기 전에 먼저 다가가 인사하고 말을 건네는 적극성이 필요하다.

인사를 할 때는 절대 대가를 바라지 말아야 한다. 특히 인사를 하기 전에 '내가 먼저 인사했는데 저 친구가 모른 척하면 어떡하지?' '내가 먼저 인사한다고 나를 얕보는 건 아닐까?' 하고 생각하는 것은 참으로 어리석은 일이 아닐 수 없다.

대인관계가 좋은 사람은 인사성도 밝다. 인사성이 밝다는 것은 자신을 낮출 줄 알고 배려심이 깊다는 뜻이다. 이런 사람을 기피할 사람은 세상에 아무도 없다.

모든 인간관계는 인사로 시작해서 인사로 끝난다고 해도 지나친 말이 아니다. 인사란 상대의 존재 가치를 인정하는 호의와 존경의 표시이다. 그래서 인사를 못 받으면 자기의 존재 가치를 무시당한 것 같아서 은근히 화가 나는 것이다. 밝은 표정으로 먼저 인사하는 사람은 인간관계에서 환영받을 뿐만 아니라 비즈니스 세계에서도 성공하게 마련이다.

먼저 하는 것이 좋다는 것을 알고 있어도 말처럼 쉽지 않다. 평소 인사하는 습관이 몸에 배어 있어야 자연스럽게 인사가 나오기 때문이다.

"저 친구, 인사성 하나는 알아줘야 돼."

"인사 잘하는 사람치고 나쁜 사람 못 봤어."

이렇듯 인사만 잘해도 점수를 따고 들어간다. 또한 인사성 하나만 밝아도 기본이 되어 있다, 사람이 됐다는 소리를 주위에서 들을 수 있는 것이다.

Tip ★ **인사를 나눌 때 기본적인 마음가짐**
1. 진실된 마음으로 성의를 다해 인사한다.
2. 상대방을 존중하는 마음을 갖는다.
3. 상대방의 장점을 보고 칭찬을 곁들인다.
4. 좋은 뜻으로 시작해서 좋은 느낌을 남긴다.

5 칭찬은 인사의 완성이다

> 사람에게서 최고의 것을 이끌어내는 가장 좋은 방법은
> 그 사람을 인정하고 격려해주는 것이다.
> — 찰스 슈왑

칭찬은 인사의 완성이라고 할 수 있다. 인사에 칭찬이 담겨 있으면 상대방은 응답을 넘어 마음의 문을 활짝 열게 된다. 그런데 대부분의 사람들은 이 칭찬의 역할을 잘 모른다. 물건의 흠집을 찾듯이 어떻게든 칭찬보다 작은 약점 하나라도 찾으려고 한다. 그렇게 해선 결코 상대방을 내 사람으로 만들지 못할 뿐만 아니라 오히려 적으로 만들 수도 있다.

사람들은 자신이 한 일에 대해 비난보다 칭찬을 듣기를 원한다. 하지만 다른 이가 한 일에 대해서 '뒤통수치기 반응'을 보이기 일쑤다. 상대방이 실수를 저지를 때까지 기다렸다가 실수를 저질렀을 때 뒤통수를 치듯 반응하는 것이다. 뒤통수치기 반응에 둘러싸인 환경에서는 사람들이 결코 최선을 다하지도 않고 열정을 바치지도 않는다. 회사에 이런 뒤통수치기를 좋아하는 사람이 많다면 그 회사의 앞날은 어둡다. 모두들 칭찬보다 비난의 화살로 동료들의 열정과 의지를 꺾어 놓을 것이기 때문이다.

인사를 잘하는 것도 하나의 기술이다. 대부분 사람들이 하는 그저 그런 인사로는 상대방의 마음을 움직일 수 없다. 그러나 조금만 더 신경 써서 자신의 마음을 전한다면 분명 당신을 다르게 볼 것이다.

하루의 반 가까운 시간을 보내는 직장생활에서 예절은 다른 어느 곳에서보다 중요하다. 직장은 나 혼자만 있는 것이 아니라 윗사람들과 동료, 후배들과 함께 일을 하기 때문에 일거수일투족이 많은 사람들에게 노출된다. 따라서 인사성 하나만으로도 높은 점수를 딸 수 있는 것이다.

인사를 할 때 평소 눈여겨보았던 상대방의 장점이나 공적에 대해 칭찬을 곁들여보라. 무미건조한 인사보다 훨씬 인품과 인간미가 넘칠 것이다.

S회사의 최 부장은 꼼꼼하고 냉철하게 일하기로 소문난 사람이다. 하지만 그는 부하 직원들이 가장 좋아하는 상사다. 그에겐 어떤 비

결이 있는 걸까?

평소 최 부장이 부하 직원들에게 건네는 말을 들어보자.

"김 대리, 오늘 자네가 회의에서 내놓은 기획안은 정말 탁월한 것이었네. 윗분들뿐 아니라 모두가 공감하는 내용이어서 더욱더 감명 깊었어. 특히 자네가 하나하나 사례를 들어 부연 설명을 할 땐 나까지 속이 시원하더라구. 아마 자네 기획안대로 진행된다면 분명 우리 회사 하반기 매출이 확연히 증가할 거야. 자네 덕분에 우리 모두 한 시름 놓을 수 있게 됐어. 정말 고생 많았네."

이와 달리 H기업의 박 부장은 탁월한 업무 능력에도 부서 직원들이 기피하는 인물 가운데 한 사람이다. 대부분 신입사원들이 처음에는 상사로서 그를 존경하지만 시간이 지나면서 다른 이들과 마찬가지로 서서히 거리를 둔다. 왜 그런 것일까?

직접 박 부장의 평소 대화를 들어보기로 하자.

"송 대리, 지난 번 기획안은 나름대로 괜찮았어. 그런데 말야. 소문을 듣자니 이번에 맡은 프로젝트가 삐걱거리고 있다고 하던데. 좀 제대로 하라고. 자넨 어째 영 미덥지가 않아."

사람들이 직장에서 진정 바라는 것은 딱 하나이다. 그것은 바로 자신이 하는 일에 대한 인정이다. 사람들은 인정을 받을 때 자신의 일에 자부심을 가지고 좀 더 열정적으로 최선을 다하게 된다. 반대로 질책만 심하게 한다면 반발심이 생겨 잘하는 일도 대충하는 부작용이 따르기도 한다.

사람에게 힘을 실어주는 방법 가운데 가장 효과적인 인사가 바로 칭찬이다. 진심어린 칭찬이야말로 상대방에 대한 인정을 가장 효과적으로 나타내주는 수단이기 때문이다.

6 유머를 곁들여라

햇빛은 하수구까지 고르게 비춰주지만
햇빛 자신은 더러워지지 않는다.
― 터틀리언

"박 주임님, 재미있는 이야기 하나 해주세요."
"이 과장님! 오늘 유머 챙겨 나오셨습니까?"
　경쟁이 치열한 직장생활에서 재미를 찾기란 쉽지 않다. 그래서 딱딱한 업무나 회의 분위기 속에서 누군가의 재치 있는 한마디는 단숨에 분위기를 바꾸고 생기를 돌게 한다. 재치 있는 사람들의 공통된 특징은 상대방을 기분 좋게 만드는 웃음의 미학을 알고 있다는 것이다. 기업의 인사 담당자들이 유머 있는 구직자를 선호하는 이유도 바로 이 때문이다.

이 팀장은 항상 찌푸린 얼굴로 사무실로 들어선다. 아침에 아내와 한바탕 했는지 차가 밀렸는지, 밝은 미소로 들어오는 날을 손으로 꼽을 정도이다.

가까이 앉아 있는 김 대리가 웃으며 물었다.

"팀장님, 오늘 안 좋은 일이라도 있으세요?"

그러자 이 팀장은 짜증내듯이 이렇게 대꾸했다.

"김 대리는 몰라도 돼. 자네 일이나 해."

무안해진 김 대리는 모니터에 얼굴을 묻은 채 열심히 키보드를 두드리기 시작한다. 자연히 주위 동료들도 얼굴을 찌푸리며 일을 시작한다. 이렇듯 이 팀장의 짜증 때문에 사무실 분위기는 아주 엉망이 되고 만다.

엉뚱하게 짜증을 낸 이 팀장의 하루도 유쾌할 까닭이 없다. 모두들 자신을 괴물 취급하듯 피하는 것을 보며 '아침부터 다들 왜 저모양이야?' 하고 생각하며 자신도 그들을 곱지 않은 시선으로 바라본다.

이런 일이 자주 일어나면서 동료들은 이 팀장과의 대화를 기피하게 되었고 심지어 멀리하게 되었다.

유머는 기계를 부드럽게 해주는 윤활유와 같다고 한다. 동료들 간에 나누는 간단한 인사만으로도 하루의 기분이 얼마든지 달라질 수 있다. 가끔 평범한 인사말보다는 유머를 곁들인 인사말을 건네보자.

유머 감각을 키우기 위해서는 먼저 웃음 코드를 찾아야 한다. 최근 많은 인기를 누리고 있는 개그 프로그램이나 최신 유행어에 대해 관심을 갖는 것도 좋다. 모든 공부에는 노력이 필요한 법, 유머도 예외가 아니다. 특히 흥미 있는 직장인 관련 기사를 꼼꼼히 살펴보는 것도 웃음의 소재를 찾는 데 도움이 된다.

어렵게 원하던 직장에 들어간 Y는 평소 사람들로부터 첫인상이 좋지 않다는 말을 많이 들어왔다. 그래서 주위 사람들로부터 항상 밝은 모습으로 선배들을 대하고 웃음을 잃지 말라는 당부를 들었다.

Y는 편안하지 못한 인상을 조금이라도 감추기 위해 상사와 선배들을 볼 때마다 어색한 미소를 짓곤 했다. 그러던 어느 날 아침, 직원들 틈에 섞여 담배를 피던 한 선배가 출근하는 그에게 잠깐 보자고 하는 것이었다.

Y가 다가가자 선배는 잔뜩 인상을 쓰며 말했다.

"임마! 너 왜 나만 보면 실실 웃고 다녀? 내가 우스워?"

선배는 며칠 간 Y를 눈여겨 본 결과 그의 모습이 자신을 비웃는 모습으로 생각되었던 것이다.

그 순간 Y는 난감했다. 그러나 Y는 여전히 웃으며 말했다.

"선배님, 전 실실 웃고 다닌 게 아니라 그게 바로 제 살인미소인데요."

"아니, 뭐야? 하하하!"

이 말 한마디가 주위에 모여 있던 선배들을 웃음바다로 만들었다. 재치 있는 말 한마디로 Y는 그동안 자신이 갖고 있었던 콤플렉스에서 벗어날 수 있었다.

아침마다 건네는 인사라고 해서, 또는 날마다 보는 사람이라고 해서 그냥 대수롭지 않게 넘어가지 말고 유머를 곁들이자. '오늘도 어떻게 하루를 버티나?' 하고 고단한 하루를 염려할지도 모를 동료들의 얼굴에 금세 미소가 번질 것이다.

평소 친하지 않은 동료에게도 먼저 용기 내어 큰 소리로 "안녕! 좋은 아침이야!" 하고 인사해보라. 동료가 답례를 하지 않을지도 모르지만 그렇다고 기분 나빠할 필요는 없다. 분명 동료의 마음도 유쾌해지고 있을 테니까 말이다.

말을 걸기 힘든 사람이나 불편한 관계에 있는 사람에게도 유머를 곁들인 인사를 건네보라. 처음에는 쉽지 않겠지만 며칠 지나지 않아 분명 꼭 닫혀 있던 그들의 마음을 열 수 있을 것이다. 유머 섞인 인사 한마디가 금이 갔던 관계를 복원시킬 수도 있다.

사람들은 눈매나 표정 등 얼굴 모습을 통해 상대방을 헤아린다. 웃는 얼굴은 사람이 지을 수 있는 가장 편안하고 선한 표정이다. 언제든 환하게 웃을 수 있는 얼굴과 유머가 섞인 재치 있는 인사를 할 수 있다면 모두가 좋아하는 호감형으로 변신할 수 있다.

7 스킨십을 적절히 활용하라

처음에는 사람들이 당신을 이해하지 못할지도 모릅니다.
그러나 얼마 안 가서 여러 친구들이 다가올 것입니다.
한 사람에게 진실한 것은 결국 모든 사람에게 진실한 것이니까요.
― 로댕

　　인사할 때 스킨십을 적절히 활용하면 친밀도를 높일 수 있다. 사전은 스킨십을 "피부의 상호 접촉에 의한 애정의 교류"라고 풀이하고 있다. 형식적으로 인사를 건네기보다 다정한 인사말과 함께 악수나 포옹을 한다면 친밀도는 자연히 더하게 마련이다. 때와 장소에 맞게 스킨십을 적절히 활용한다면 훨씬 자연스럽게 신뢰와 호감을 쌓을 수 있다.

　　검도 도장을 운영하는 김 관장과 태권도 도장을 운영하는 박 관장이 있다. 그들은 주위의 여느 도장들보다 관원들이 많다. 그 비결은 무엇일까?

검도 도장의 길 관장은 평소 운동할 때 매우 엄하기로 소문이 나 있다. 그러나 매주 금요일만은 예외다. 그는 도장 출입문 앞에 서서 수련을 마치고 집으로 돌아가는 수련생들의 머리를 일일이 쓰다듬어 준다. 그리곤 부드럽게 이렇게 말한다.

"검도 배우느라 힘들지는 않았어? 우리 월요일에 즐거운 마음으로 다시 만나자."

그의 다정한 말에 아이들의 주눅 든 표정은 어느새 사라지고 방긋 웃으며 함께 인사한다.

"재미있어요! 관장님두요."

태권도 도장의 박 관장은 예의 바른 행동을 하거나 열심히 태권도를 배우는 아이들을 잊지 않고 칭찬한다. 그것도 말로만 그치는 것이 아니라 손을 잡아주거나 등을 다독거려 준다.

"저번보다 실력이 많이 늘었네."

"옆모습이 꼭 이소룡 같은데?"

따뜻한 인사와 가벼운 스킨십을 통해 아이들은 더욱 열심히 수련에 매달리게 되는 것이다.

최근 감성 마케팅으로 스킨십을 활용하는 사례가 늘고 있다.

경제계에서는 경영자들이 '직원 속으로'를 외치며 '스킵 레벨 미팅Skip Level Meeting'이나 '스킨십 경영'에 각별한 관심을 기울이고 있다. '스킵 레벨 미팅'은 경영진이 현장 직원들의 의견을 직접 듣는 제도이며, '스킨십 경영'은 '열린 경영'을 뜻한다. 직원들이 일하는 현장 속으로 들어가 그들과 대화하면서 동질감을 확대하고 문제의 소지를 없앰으로서 경쟁력을 강화하는 것이다.

　　스킨십을 통해 감성을 교류하는 데는 어른 못지않게 아이들도 마찬가지이다. 윤현경 전 『베이비』 편집장은 "아이가 심부름이나 자기 몫의 일을 했을 때는 물질적인 보상이 아니라 '칭찬과 스킨십'이라는 정서적인 보상을 하는 것이 좋다."라며 "칭찬과 함께 힘차게 포옹을 해 주면 아이는 자기 힘으로 가족들에게 도움을 주었다는 것에서 자긍심과 성취감을 맛본다."라고 말한다.

　　인사를 잘하는 사람은 그렇지 않은 사람보다 좋은 인간관계를 맺을 수 있다. 인사하는 습관은 타인과의 소통에 있어 가장 좋은 수단이기 때문이다. 인사를 잘하는 사람은 사람들의 이름을 기억해주고 칭찬해줄 뿐 아니라 배려하는 마음의 소유자들인 경우가 많다. 인사를 할 때 적절히 스킨십을 활용한다면 효과는 배가될 것이다. 인사가 마음과 몸짓으로 하는 신호라면 스킨십은 감정을 교환하는 감성적 신호이기 때문이다.

　　최근 들어 스킨십은 피부와 피부의 접촉에 의한 감정의 교류로 '인간 친화 기술'의 하나로 인정받고 있다. 인사를 나눌 때 스킨십을 잘 활용하면 상대방에게 친밀한 사람으로 기억될 수 있다. 또 상대방을 생각하는 자신의 마음을 듬뿍 전달할 수 있다.

또 하나의 인사, 악수

악수는 적으로 간주되는 낯선 사람 앞에서 무장 해제의 의미로 빈손을 내민 데서 유래되었다. 악수는 이제 보편적인 하나의 인사로 자리잡았다. 특히 비즈니스나 대인관계에 있어 악수는 빼놓을 수 없는 관계 형성의 도구라고 할 수 있다.

악수는 서로가 만나 반가운 마음을 표현하는 스킨십이라고 해도 좋을 것이다. 서로 신체의 일부인 손을 맞잡음으로써 일체감을 느끼고 잡은 손을 가볍게 한두 번 흔들며 마음의 문을 열어주기 때문이다.

그러나 사람들이 하는 악수 방법은 통일되어 있지 않고 다양하다. 어떤 사람은 상대방의 손을 너무 세게 쥐어 불쾌감을 주기도 하고 반대로 너무 헐겁게 잡아 오해를 사기도 한다. 그렇다면 어떻게 악수를 하는 것이 가장 옳은 것일까?

악수는 원칙적으로 윗사람이 아랫사람에게, 선배가 후배에게 먼저 청해야 한다. 같은 또래의 남녀 사이에는 여자가 먼저 청해야 한다. 만일 남성이 상사라면 여성 직원에게 악수를 먼저 청해도 좋다. 또 기혼자가 미혼자에게 악수를 청하는 것이 옳다. 동성 사이 비슷한 또래의 악수도 선배 연상자가 먼저 청해야 한다. 아랫사람은 악수를 청하면서 허리를 약간 굽혀 경의를 표하는 것이 좋다. 악수를 하면서 왼손으로 상대의 손등을 덮어 쥐는 것은 좋지 않다. 그러나 어른이 아랫사람에게 그렇게 하는 것은 깊은 정의의 표시로 이해된다. 부부동반일 경우에는 남자들이 먼저 악수를 하는 것이 원칙이다. 하지만 여성이 남성에게 악수를 청하는 것 역시 실례가 아니므로 부인이 먼저 악수를 청해올 경우 그 악수에 응하는 것이 옳다.

악수를 할 때는 상대방의 얼굴을 주시하면서 웃는 얼굴로 해야 한다. 손을 너무 세게 쥐거나 손끝만 내밀고 악수해서는 안 된다. 쥐는 힘이 약하면 성의가 없다고 오해할 수 있다. 따라서 손을 적당한 정도의 힘으로 잡는다.

계속 손을 잡은 채로 말을 해서는 안 되며, 인사가 끝나면 곧바로 손을 놓는 것이 좋다. 상대방이 손을 내밀고 기다리지 않게 해야 한다. 악수할 때 허리를 굽혀 인사할 필요는 없다.

간혹 물건을 휴대하고 있을 때가 있다. 이때 오른손에 물건을 들고 있다면 빨리 왼손으로 옮기거나 땅에 놓고 악수를 청하거나 응해야 한다. 오른손에 들고 있다고 해서 왼손을 내밀어 악수를 청하는 것은 예의에 어긋난다. 어떤 사람은 물건의 부피가 작거나 가볍다고 해서 물건을 든 채로 악수를 하는데 이는 예의에 어긋나는 인사이다.

몸가짐 또한 중요하다. 두 손으로 잡거나 허리를 너무 굽히지 않아야 한다. 윗사람과 악수를 할 때는 윗몸을 약간 굽혀서 경의를 표해도 좋다. 손을 흔들어서는 안 되며 아첨이나 비굴한 모습을 보이지 말아야 한다.

이는 상대방에게 좋지 않은 인상을 남기기에 안성맞춤이다.

악수를 나눌 때는 오른손으로 상대방의 손을 깊게 잡아 성의를 표시해야 한다. 손을 쥐는 것은 우정의 표시이므로 엄지손가락과 검지손가락 사이가 서로 잡도록 손을 감싸 쥐는 정도가 적당하다. 이때 주의해야 할 점은 손끝만 내밀어서는 안 된다는 것이다.

때와 장소에 따라 장갑을 착용하고 악수를 할 때도 있다. 이때는 장갑의 종류에 따라 악수의 방법도 달라진다. 예식용 장갑이나 장식용 장갑은 벗지 않아도 되지만 두툼한 방한용 장갑은 벗는 것이 예의이다. 하지만 방한용 장갑이라 할지라도 날씨가 추워 상대방이 장갑을 낀 채 악수를 청한 경우에는 그대로 해도 괜찮다.

어떤 사람은 악수를 할 때 어깨나 몸을 껴안는 등 불필요한 행동을 하기도 한다. 이런 행동은 스스로 품위를 떨어뜨리기 때문에 하지 않는 것이 좋다.

악수를 할 때의 예절을 지키지 않으면 상대방이 불편해할 수 있다. 또한 나에 대해 좋지 않은 감정을 가질 수 있다는 것을 잊지 말아야 한다.

악수하는 방법도 그 사람의 인품을 헤아릴 수 있는 방법이 된다. 품위 있는 악수 매너로 모든 이에게 따뜻한 매력을 심어주는 사람이 되자.

8
인사도 꾸준한 연습이 필요하다

기회가 문을 두드리지 않거든 문을 새로 만들어라.
— 밀턴 벌

　우리는 아침에 일어나면 세수를 하고 깨끗한 옷을 갖춰 입는다. 마찬가지로 인사도 아침마다 밝은 마음과 표정과 함께 연습해야 한다. 그렇게할 때 타인들에게 신선한 자극을 줄 수 있을 뿐 아니라 좀 더 쾌활하게 하루를 시작할 수 있다.

　운동선수들은 끊임없는 훈련으로 스스로를 단련한다. 더 나은 기량을 발휘하기 위해선 연습이 최선책이기 때문이다. 야구선수에게 타율이 다음해 연봉과 직결되듯이 당신에게는 밝은 표정이 담긴 인사성이 미래와 직결된다고 할 수 있다.

　그러나 대다수 사람들은 그저 몸에 배인 대로 인사하는 그릇된 습관을 가지고 있다. 내 주위에도 상사에게 정중하게 인사하기보다 고개만 까딱하는 등 자신의 인격을 좀먹는 사람들이 있다. 올바르지 못한 인사법은 타인에게 부정적인 인식을 심어주게 된다. 이는 결국 자신의 기량을 발휘해볼 기회를 얻지 못하는 비극을 초래한다.

가는 인사가 고와야 오는 인사도 고운 법이다. 상대방에게 제대로 대접을 받기 위해선 자신이 먼저 제대로 된 예의를 지켜야 한다. 그러기 위해선 꾸준한 인사 연습이 필요하다.

"안녕하세요! 좋은 아침입니다!"
"반갑습니다! 잘 지내시죠?"

아침에 회사에 들어서면서 건네는 최연주 대리의 인사말이다. 최 대리가 인사를 건네면 동료들도 웃으며 답례로 인사를 한다. 그렇게 서로서로 인사를 하다 보면 절로 사무실 분위기가 화기애애해진다. 처음부터 최 대리가 인사성이 밝은 편은 아니었다. 누구보다 내성적이고 소극적인 편에 속했다. 최 대리의 어두운 얼굴 표정은 무슨 좋지 않은 일이 생긴 것 같은 분위기를 연출했다. 그러다 보니 동료들은 쉽게 다가가지 못했다. 자연히 업무상 소통이 원활하게 이루어질 수가 없었다.

또 간혹 밖에서 친구들을 만나면 하나 같이 "무슨 일 있니? 얼굴 표정이 왜 그래?" 하고 묻곤 했다. 그럴 때마다 최 대리는 "아니, 없는데."라고 대답해야 했다. 언제부턴가 최 대리에게 이런 질문과 대답이 일상이 되어버렸다.

어느 날 최 대리가 호감을 갖고 있던 거래처 직원이 말했다.

"좀 웃으시죠, 활짝 웃으면 더 예쁠 텐데요……."

"연주 씨는 활짝 웃으며 인사할 때가 정말 예뻐요. 분명 다른 사람들도 그렇게 생각할 거예요."

그의 말은 최 대리의 마음에 자극이 되었다. 그 이후로 최 대리는 집에서 틈틈이 예쁜 표정 만들기를 위한 노력을 했다. 그리고 서점에서 인상과 예절에 관한 책도 사보았다.

그렇게 노력하자 서서히 변화가 생겼다. 길에서 아는 이를 만날 때 예전 같았으면 모른 척하거나 고개만 살짝 끄덕였겠지만 이제 먼저 활짝 웃으며 "안녕하세요! 어디 가세요?"라고 인사를 건넸다. 그러면 상대방은 갑자기 달라진 최 대리의 모습에 놀라곤 했다. 또 사무실에 출근하면 기어들어가는 목소리 대신 큰 소리로 인사말을 건넸다. 처음에 동료들은 '며칠 저러다 포기하겠지.'라고 생각했을지 모른다. 하지만 시간이 지나도 여전히 싹싹하게 인사하는 최 대리를 보며 동료들도 하나둘 활기찬 인사로 답례해주었다.

인사는 인간관계가 시작되는 신호이자 상대방에 대한 친절과 존경심의 표현이다. 또한 상대방에게 자신에 대한 신뢰감을 높이는 무기가 되기도 하다. 상대방에게 어떤 모습으로 인사를 건네느냐에 따라 나의 가치가 달라지는 것이다.

　　인사에는 세 가지 포인트가 있다. 첫째, 표정은 밝고 친근하고 부드러운 시선이어야 한다. 둘째, 음성은 맑고 쾌활해야 한다. 셋째, 몸 동작은 자연스럽고 정중해야한다. 무엇보다 중요한 것은 내가 먼저, 적극적으로, 상대방의 눈을 보고 미소지으며 해야 한다는 것이다.
　　세상에 그저 쉽게 주어지는 것은 아무것도 없다. 인사 또한 예외는 아니다. 꾸준한 연습이 필요하다. 스마일맨으로 불리는 사람들 중 대다수는 많은 연습과 노력을 들인 결과라는 것을 잊지 말자.

Tip ★ **표정 연습**

먼저 거울 앞에 서서 얼굴 근육운동부터 한다.
1. 눈썹은 위, 아래로 눈동자는 위, 아래, 왼쪽, 오른쪽으로 움직인다.
2. 입속에 바람을 가득 채워 볼 운동을 곁들인다.
3. "위스키~" 라는 발음을 10초 가량 유지하는 연습을 반복한다.
4. 인사말을 '솔' 음에 가깝게 소리낸다.
"안녕하십니까?"
"감사합니다."
"안녕히 가십시오."
"좋은 아침입니다."

05 인사의 기적

인사만 잘해도 성공한다
인사는 생활의 활력제다
사람의 마음을 얻는 인사의 마력!
밝은 인사는 성공을 부른다
인사는 행운을 끌어당긴다
명함 한 장에 내가 들어 있다
친절한 인사가 가져오는 것
행복을 부르는 주문
Y 사장의 성공 비결
원만한 인간관계를 이루는 비결

지혜는 일상에서 기적을 발견하게 한다
— 랄프 왈도 에머슨 Ralph Waldo Emerson

생생하게 상상하라, 간절하게 소망하라,
진정으로 믿으라. 그리고 열정적으로 실천하라.
그리하면 무엇이든지 이루어질 것이다.
— 폴 J. 마이어

1 인사만 잘해도 성공한다

한 알의 작은 씨앗이 하늘을 찌를 만한 큰 나무로 자라는 것을 보라.
행복이나 불행, 성공이나 실패도 작은 일에서부터 싹이 트는 것이다.
— 에머슨

사람은 누구나 성공을 꿈꾼다. 그래서 자기계발을 위해 이른 새벽이나 퇴근 후에 외국어 학원에 다니거나 자격증을 따기 위해 열을 올리기도 한다. 또 어떤 이는 야근을 도맡다시피하며 실적을 위해 애쓴다. 물론 이렇게 노력하는 사람은 그렇지 않은 사람에 비해 성공 확률이 높다. 하지만 이보다 더 먼저 선행되어야 하는 성공 요소가 있다. 그것은 다름 아닌 예의 바른 모습이다.

성공하는 사람에게는 무언가 특별한 비결이 있다. 잘나가는 기업의 CEO나 샐러리맨, 인기 스타의 공통점은 하나다. 모두 인사성이 밝은 사람들이라는 것이다. 이들 역시 남들처럼 인맥을 넓히거나 자기계발을 위해 노력하겠지만 이들에게서 무엇보다 먼저 발견할 수 있는 것이 있다. 바로 좋은 이미지이다. 상대방에게 좋은 이미지를 심어주기 위해선 친절과 배려가 따라야 한다. 이 두 가지를 동시에 할 수 있게 해주는 것이 바로 인사이다. 따라서 인사만 잘해도 '친절한 사람' '배려심이 있는 사람' 이라는 소리를 듣게 되는 것이다.

요즘 직장인들은 하나같이 성공을 위해서는 인맥을 넓혀야 한다고 말한다. 바로 인맥이 성공의 씨앗이 되어주기 때문이다. 그러나 인맥도 인간으로서의 예의가 갖춰지지 않은 사람에게는 먼 나라의 이야기와 같다. 어떤 사람이든 인사성이 밝지 못한 사람에게 호감을 느끼지는 않을 테니까 말이다.

우리 동네에 '대박집'으로 불리는 숯불갈비 식당이 있다. 이 식당은 교사로 근무하다 정년퇴임한 부부가 차린 식당이다. 장사를 해본 적이 없는 그들은 처음에 고전을 면치 못했다.

날마다 파리만 날리자 부부는 고민이었다. 그러던 어느 날 부부는 왜 장사가 안 될까 고민하다가 그 이유를 찾기로 했다. 먼저 '전 메뉴 50% 세일' 행사를 했다. 그러자 싼 맛에 사람들이 찾아들었다. 그러나 손님들 대부분이 식당을 나설 때 즐거운 표정을 짓지 않았다. 부부의 귀에 손님들의 불만 섞인 대화 소리가 들려왔다.

"무조건 값만 싸다고 사람들이 오는 줄 아나보네."

"그러게 말야."

"이렇게 불친절하면 망하기 딱 좋지!"

부부는 손님의 시선으로 자신들과 종업원들의 태도를 관찰하기 시작했다. 그러자 장사가 안 되는 이유를 찾을 수 있었다. 먼저 종업원들의 불친절, 다음은 음식의 질과 양념이었다. 부부는 당장 문제점을 개선하기 위해 노력했다. 가장 먼저 종업원들에게 친절 교육을 시켰다. 밝은 미소로 손님들에게 인사를 건네고 주문을 받을 때도 미소를 잃지 않게 했다. 친절한 종업원을 한 주에 한 명씩 뽑아 보너스도 주었다. 그러자 종업원들이 손님들을 대하는 태도가 눈에 띄게 달라졌다. 손님이 가게로 들어서면 달려가 환하게 웃으며 인사를 건넸다. 시간이 갈수록 손님들의 반응이 좋았다. 또 고기의 질을 개선하고 양념을 다시 보완하자 매출은 급상승했다.

이제 '대박집' 이라고 하면 애어른 할 것 없이 모르는 사람이 없다. 사장 부부는 인사성 하나로 '쪽박집' 에서 대박집으로 차를 갈아탄 것이다.

"가랑비에 옷 젖는 줄 모른다." 하는 속담이 있다. 인사도 마찬가지다. 친절한 마음을 담은 인사 한마디에 상대방의 마음이 내 쪽으로 젖어들게 된다. 성공하려면 다른 요소도 갖추어야 하겠지만 가장 먼저 인사하는 습관을 지녀야 한다.

고개만 까딱거리는 사람, 보고서도 못 본 척 외면하는 사람, 형식적으로 고개 숙이는 사람……. 이런 사람은 일찌감치 성공을 포기한 사람들이다. 그렇다면 당신은 어떤가? 사소하게 지나칠 수 있는 인사가 성공의 키워드라는 것을 잊어선 안 된다.

2
인사는 생활의 활력제다

바로 지금 이 순간에도 인간은 자기 자신 속에
역동적으로 살아 움직이는 미래를 가지고 있다.
— 에이브러햄 매슬로우

톡 쏘는 청량음료처럼 활력이 넘치는 사람이 있다. 그와 마주치거나 몇 마디 대화하다 보면 왠지 모르게 기분이 좋아진다. 아무리 생각해봐도 다른 특별한 이유는 없는데 왜 그와 마주치면 기분이 좋아지는 걸까?

그것은 바로 그에게서 활력이 전해졌기 때문이다. 환하게 웃으면서 쾌활한 목소리로 인사를 건넬 때 몸과 마음이 생기를 얻은 때문이다.

마주칠 때마다 "안녕하세요~ 날씨 정말 좋죠?" "안녕하세요~ 오늘 좋은 일 있으세요?" "좋은 아침이네요!" 하고 건네는 인사말에는 한층 기분을 좋게 만드는 마법이 숨어 있다. 그래서 그 인사의 마법에 걸린 사람들로부터 "그 사람 성격 한번 좋더라." "시원시원해서 좋아." 하고 칭찬을 들을 수 있는 것이다.

인사성이 밝지 못한 사람을 보면 늘 표정이 어둡다. 그래서 타인들로부터 '무슨 안 좋은 일 있나봐.' '어디 아픈가? 안색이 영 안 좋네.' '직장에서 짤렸나?' 하는 오해를 받게 된다.

이런 사람은 어디엘 가더라도 환영 받지 못한다. 친구 생일 파티나 회식, 동창회 등에 가더라도 타인들의 이목을 끌지 못한다. 그래서 늘 있는 듯 없는 듯 조신하게 앉았다가 돌아오곤 한다. 그리하여 그를 주의 깊게 기억하는 이들이 별로 없다. 이는 사회생활에서 치명적이다. 그만큼 인맥을 넓히는 데 어려움이 따르기 때문이다.

최혜선 대리는 직장에서 단연 인기다. 사실 최 대리보다 더 날씬하고 예쁜 아가씨들도 많다. 하지만 최 대리가 동료들에게 받는 인기에 비길 바가 못 된다.

김 과장은 종종 최 대리에게 사무실의 꽃이라고 말한다. 대부분의 동료들은 출근할 때 스님이 염불 외우듯이 인사말을 건네는 데 비해 최 대리는 환한 미소와 함께 센스 있는 인사말도 곁들인다. 최 대리가 건네는 인사는 결코 형식적인 것이 아니다. 그녀의 인사에는 상대방을 배려하는 마음이 깃들어 있다. 그래서일까, 최 대리에게 인사를 받은 동료들은 하나같이 웃으며 응답 인사를 한다. 그렇게 서로 인사를 하다

보면 어느새 아침 사무실 안의 풍경은 편안하고 따뜻해져 있다.

사람의 외모가 꽃이라면 인사는 향기에 비유할 수 있다. 상대방에게 건네는 아름다운 향기에 의해 외모가 한층 더 돋보인다. 차갑게 보이는 외모를 가진 사람이라도 따뜻한 인사말을 건네면 한결 부드러워 보이는 것도 바로 그런 이유에서다.

누구나 아름다운 향기를 머금은 꽃이 될 수 있다. 또한 타인에게 생기를 돌게 하는 생활의 활력제를 선물할 수 있다. 우리가 누군가로부터 상냥한 인사를 받았을 때 기분이 좋은 것은 바로 그에게서 활력제를 선물 받았기 때문이다.

지금 당장 환하게, 웃으며, 밝은 목소리로 인사를 건네보라. 그리하여 우울함, 외로움, 미움을 바람처럼 날려버려라. 인생을 활기 있게 사는 사람에게 성공도 따르는 법이다.

3 사람의 마음을 얻는 인사의 마력!

좁은 도랑도 다리를 움직이지 않고는 건널 수 없듯이 목적은 있으나
노력이 뒤따르지 않으면 아무리 좋은 환경도 소용없다.
― 알랭

나는 종종 "인사는 펜보다 강하다." 하고 말한다. 상대방의 마음의 문을 열고 움직이게 하는 인사는 펜보다 강력한 힘을 지니고 있다고 생각하기 때문이다

기획부의 윤 대리는 입사 때 성적이 꼴찌였다. 그래서 초창기에는 모두들 그를 보며 놀려대곤 했다. 하지만 지금은 사무실에서 가장 인기 좋은 동료다.

그 비결은 뭘까? 그는 아침 출근 때마다 환한 얼굴로 동료들에게 큰소리로 인사를 했다. 그가 인사를 건넬 때마다 몇몇 동료들은 뒤에서

수군거렸다.

"잘 보이려고 별짓 다하는군."

"꼴찌 주제에!"

그러나 시간이 지나면서 동료들은 그의 인사에 응답 인사를 하게 됐다. 처음에는 하는 둥 마는 둥 형식적이었지만 차츰 미소지으며 손을 흔들기까지 했다. 이렇게 서로가 반가운 표정으로 인사를 하자 사무실 분위기는 한결 부드러워졌다.

그렇게 윤 대리는 기획부 사무실에 아침마다 행복을 선물해주었다. 행복을 선물 받은 동료들의 태도는 예전 같지 않았다. 그가 조언을 구하거나 질문을 할 때면 마치 선배가 후배에게 말해주듯 편안하게 대해주었다.

같은 기획부에 근무하는 송 대리의 별명은 미운털이다. 그에게 처음부터 그런 별명이 붙은 건 아니었다. 사실 그는 입사시험 때 수석을 차지했던 터라 회사에서 거는 기대가 컸다.

송 대리의 업무 능력은 뛰어났다. 하지만 시간이 지날수록 동료들은 그를 못마땅해했다. 뛰어난 업무 능력에 비해 인간미가 없었기 때문이다.

그는 아침 출근 때마다 미소를 띤 채 인사를 하는 윤 대리와는 상반된 모습이었다. 처음에는 사무실에 들어서면서 고개를 숙이며 기어들어가는 목소리로 인사를 하더니 시간이 지나면서 슬그머니 자리에 앉곤 했다. 간혹 동료들이 먼저 인사를 건네면 그땐 마지못해 인사를 했다. 그런 그의 행동을 동료들이 곱게 보아 줄 까닭이 없었다.

언젠가 그는 복도에서 새로 부임한 기획이사와 마주친 적이 있었다. 그는 일부러 못 본 척 고개를 슬며시 돌리고 말았다. 기획이사는 경쟁업체에서 막 스카웃되어왔던 터라 송 대리가 기획이사를 알아보지 못했던 것이다.

결국 그는 그냥 지나치다 기획이사에게 버릇없다며 된통 혼이 났다. 이 이야기가 부서 동료들의 귀에 들어갔고 '미운털'이 박히게 된 것이다. 이 일로 송 대리뿐만 아니라 부서 전체가 좋지 않은 이미지를 얻게 된 것은 물론이다.

인간의 아름다움은 겉모습이 아닌 내면에서 나온다. 내면이 아름답지 못한 사람은 아무리 겉모습을 꾸며봐야 별 수 없다. 이는 마치 불량제품에 화려한 포장지를 덮어씌운 것과 다를 바 없다.

한 사람의 능력도 마찬가지다. 인사성이 밝은 사람은 덩달아 주위 사람들로부터 인정받게 마련이다. 사람들은 인간으로서의 기본 예의인 '인사'를 잘하는 사람치고 그릇된 사람 없고, 일 못하는 사람 없다고 생각하기 때문이다.

밝은 인사는 성공을 부른다

깊고 순수한 열망과 우리가 추구하는 삶의 목도가 서로 조화를 이룰 때
우리의 삶은 강해질 것이며, 아름다운 멜로디가 울려 퍼질 것이다.
— 슈바이처

성공은 모든 사람의 바람이자 이상이다. 성공을 이루기 위해 수 많은 사람들이 자기계발에 돈과 시간을 쏟아 붓고 있다. 하지만 아무리 노력해도 자신이 원하는 것을 이루기란 쉽지 않다. 그렇게 되면 사람들은 자신 탓은 하지 않고 배경 탓만 하게 된다. 그렇다면 과연 성공은 배경과 같은 외부적인 요인에 많이 좌우되는 것일까? 결코 그렇지 않다. 성공은 능력이나 배경만으로는 이룰 수 없다. 성공은 무엇보다 나를 지지해주는 사람들과 함께 할 때 가능하기 때문이다.

성공에서 멀어지는 사람들은 하나같이 나무만 볼 줄 알았지 숲은 보지 못한다. 다시 말하면 주위 사람들보다 자기 위주로 생각하는 경향이 짙다는 것이다. 누군가에게 인사를 건넬 때도 대충대충, 대화를 할 때도 듣기보다 자기 말만 하려고 한다. 이런 사람에게는 그 누구도 유익한 정보나 도움을 주고 싶어 하지 않을 것이다.

『예기』에 보면 이런 말이 나온다.

"인사는 술을 담그는 데 있어 누룩과 같은 것이다."

인사는 인간관계의 매개체와 같은 것이다. 따라서 상대방에게 어떤 자세로 인사를 건네느냐에 따라 호감을 살 수도 거부감을 일으킬 수도 있다. 성공이 인맥과 밀접한 관계가 있다면 호감을 사는 인사는 성공으로 가는 엘리베이터를 탄 거나 마찬가지다. 하지만 거부감을 일으키는 인사는 힘들게 한 계단 한 계단 올라가는 것과 같다.

좋은 인간관계의 시작은 '밝은 인사'에 달려 있다. 미소지으며 인사를 건네면 상대방 또한 나를 보며 응답을 한다. 이렇게 인사로 시작해서 대화가 연결되고 비즈니스가 시작되는 것이다. 인사성이 결여되어 있는 사람은 설사 운 좋게 성공한다고 하더라도 모래 위에 지은 성처럼 언젠가 허물어지고 말 것이다. 어떤 성공이든 사람을 중심으로, 올바른 인간관계 위에 지어야 시간이 지날수록 튼튼한 법이다.

김미주 씨는 아침마다 공원을 한 바퀴 돌며 조깅한다. 그녀는 조깅할 때마다 두 명의 여성을 만난다. 모두 예쁘고 날씬한 몸매에 한 마디로 매력적인 미인들이다. 공원 입구에서 만나는 첫 번째 여성. 그녀는 저만치서 김 씨를 보자마자 미소를 띤 채 달려오며 밝게 인사를 건넨다.

"안녕하세요? 좋은 아침이네요."

그녀는 김 씨의 눈과 마주쳐 인사를 한 뒤에야 속도를 내 달린다. 그녀의 인사를 받은 김 씨는 자신도 모르게 어느새 활기찬 기분이 된다.

김 씨가 집으로 돌아가기 위해 공원을 나설 즈음 만나는 두 번째 여성. 그녀는 세상에 자신이 가장 잘 났다는 듯 차가운 표정이다.

그녀는 오로지 앞만 보고 달린다. 김 씨가 그동안 그녀와 마주친 지 2년도 훨씬 지났다. 쌀쌀맞게 지나쳐가는 그녀를 보면 좋았던 기분이 잿빛으로 덧칠해지는 기분이다.

인사를 잘하는 사람은 바람직한 삶, 성공적인 삶을 살고 있는 것이다. 아는 이에게 인사하는 것은 기본이고 잘 알지 못하는 사람에게도 환한 얼굴로 인사를 건넬 줄 아는 것이 바로 그런 삶을 일궈낼 수 있는 조건이다.

인사를 잘하는 사람은 곳곳에 성공의 씨앗을 뿌리고 다닌다. 그 씨앗은 당장 잎을 틔우고 줄기를 말아 올리진 않을 것이다. 그러나 시간이 차츰 흐르면서 꽃을 피우고 그윽한 향기와 함께 벌과 나비가 날아들 것이다.

지금 당신은 누군가에게 밝은 인사를 건넬 준비가 되어 있는가? 그렇다면 이미 당신은 성공을 예약해놓은 사람이다.

> **Tip** ★ **응답 인사의 기술**
>
> 상대방이 먼저 건넨 인사에 응답을 할 때는 반드시 주의해야 할 점이 있다.
>
> 상대방이 "안녕하세요?" 하고 인사를 건넸을 때 그저 단순하게 "예." 또는 "아, 예." 정도로만 대답하고 만다면, 상대방은 할말이 없게 된다. 응답 인사를 건네는 사람은 인사에 대한 대답과 함께 상대방에게도 안부를 물어야 되는 것이다. 그래야 인사에 여운이 남아 좋은 이미지를 전하게 된다.
>
> 상대방: "안녕하세요?"
>
> 나: "예. 안녕하세요? 좋은 하루 보내세요!" "예. 반갑습니다! 또 뵙겠습니다."

5 인사는 행운을 끌어당긴다

그대가 남들에게 불붙이고자 하는 것이 있다면 이미 그것이
그대 안에서 불타고 있어야 한다.
― 아우구스티누스

중학교 동창으로 내가 가장 좋아하는 오랜 친구가 있다. 그 친구가 생각나면 연락도 없이 무작정 그 친구의 집을 찾아가기도 한다. 하던 일이 틀어지거나 좋지 않은 일로 근심할 때 그 친구는 언제나 환한 미소로 나를 맞아준다. 아무리 바쁜 일이 있어도 차 한 잔, 때로 술 한 잔 기울여주는 그의 배려는 언제나 나를 기쁘게 한다.

친구들 가운데 왜 유달리 그 친구를 좋아하는지 이유를 생각해봤다. 그 이유 가운데 하나는 다름 아니라 그 친구가 누구보다 편하기 때문이었다. 그 친구는 항상 미소를 머금고 사람들에게 상냥하게 인사말을 건넨다.

"안녕하세요~ 아주머니. 감기 좀 어떠세요?"
"승진하셨다구요? 정말 축하드립니다."
"얼굴이 환해진 걸 보니, 무슨 좋은 일 있나봐?"

그 친구가 건네는 살가운 인사를 들으면 누구라도 마음이 즐거워진다. 딱히 좋은 일이 없는 사람도 왠지 모르게 좋은 일이 날아들 것 같은 생각이 든다. 이처럼 그는 주위 사람들에게 즐거움을 선사하는 고마운 존재다.

그가 하는 사업도 날로 번창하고 있는데, 그도 그럴 것이 그 친구 주위에는 좋은 사람들로 가득하다. 모두들 그가 잘되기를 바랄 뿐 아니라 기꺼이 작은 도움이라도 주고 싶어한다.

누구나 자신이 좋아하는 사람이 있다. 사람이 누군가를 좋아할 때 그 이유는 다양하겠지만 그중에서도 왠지 모를 '끌림'이 가장 큰 이유가 아닐까? '끌림'은 바로 호감에서 시작된다. 나는 호감이 생기게 하는 마법이 바로 마음이 담긴 인사라고 생각한다. 이는 첫인상에 대해 생각해보면 쉽게 알 수 있다. 심리학자들에 따르면 첫인상을 판가름하는 것은 첫인사라고 한다. 상대방에게 첫인사를 어떻게 하느냐에 따라 첫인상이 결정된다는 것이다.

"안녕하세요~ 상쾌한 하루네요."

김승호 과장은 아침마다 활기찬 인사를 건넨다. 그의 인사를 받으면 동료들은 반사효과처럼 절로 웃는 얼굴로 답례 인사를 보낸다. 그는 하루하루가 즐겁고 행복하다. 지난달에는 우수사원으로 뽑혀 회사에서 보내준 일본 여행을 다녀왔다.

하지만 처음부터 그의 인생이 지금처럼 행복했던 것은 아니다. 하는 일마다 실패해 빚이 눈덩이처럼 불어나서 수중에 단돈 몇 푼도 없을 때가 있었다. 시간이 흐를수록 그는 더욱 더 깊은 좌절의 늪으로 빠져들었다.

어느 날 그런 그에게 자동차 세일즈맨으로 일하고 있는 한 선배가 찾아왔다. 자신감을 잃은 그에게 선배가 말했다.

"사람은 누구나 힘든 시기가 있는 법이야. 하지만 위기 속에 반드시 기회도 숨어 있게 마련이야."

선배는 그에게 자동차 세일즈맨으로 일해볼 것을 권했다. 그는 그동안 영업을 해본 적이 없었다. 선배의 말에 그는 덜컥 겁부터 났다.

"하지만 선배, 난 영업을 해본 경험이 없어. 난 그런 일은 죽어도 못해."

"내가 왜 널 찾아왔는지 알아?"

"……."

"너는 웃을 때 그렇게 멋있을 수가 없어. 뭐랄까, 매력적이라고 할까? 암튼 편안하고 신뢰감이 느껴져."

선배는 이어서 말했다.

"그리고 넌 성실하잖아. 내 말 믿고 한번 부딪쳐봐. 분명 잘 해낼 거야."

그렇게 그는 자동차 세일즈를 시작하게 되었다. 그는 아침부터 늦은 밤까지 아는 사람에게 찾아가거나 전화를 걸어 자동차 구입을 권유했다. 처음에는 결과가 그다지 좋지 못했다. 차 한 대 팔지 못하는 달도 있었다.

그는 실적이 좋아 얼굴 가득 미소를 띠고 있는 동료들을 볼 때마다 좌절감을 느꼈다. 자신에게 이 일을 권유한 선배가 원망스럽기까지 했다.

영업소에 풀이 죽은 채 앉아 있던 그에게 선배가 다가왔다.

"예전처럼 웃는 얼굴을 보기 힘드네. 왜, 일이 힘들어?"

"선배, 내게 이 일은 안 맞는 거 같아……."

"예전에 너는 항상 밝게 웃고 긍정적으로 생각했잖아. 그리고 사람들에게 인사도 잘하고. 스마일맨이라는 별명까지 얻었잖아. 그때의 네가 그립다. 넌 참 환하게 웃고 인사성이 밝았어……."

선배의 말을 듣는 순간, 그는 연애시절에 아내가 했던 말이 떠올랐다.

"승호 씨는 웃을 때 가장 멋있어요. 기억나요? 학교 도서관에서 저를 볼 때마다 환하게 웃는 얼굴로 인사를 건넨 거…… 그때 정말 매력이 철철 넘쳤어요. 호호."

선배는 짧은 인사를 남긴 뒤 먼저 퇴근했다.

"난 널 믿어. 잘 해봐."

'맞아, 예전의 내가 아니야. 그땐 잘 웃고 인사성 밝다고 칭찬이 자자했었는데……. 지금처럼 늘 우울한 얼굴을 하고 있는데 누가 선뜻 믿고 자동차를 사줄까.'

'그래, 지금부터 표정을 바꾸는 거야. 아니 내 마음을 새롭게 하는 거야. 다시 예전의 나로 돌아가는 거야.'

막 퇴근하려 할 때 한 손님이 들어왔다.

그는 미소를 지으며 상냥하게 인사말을 건넸다.

"어서 오세요~ 고객님, 반갑습니다."

"지금 구입할 건 아니고요. 그냥 한번 둘러보려구요."

그는 친절하게 말했다.

"괜찮습니다. 지금 당장 구입하지 않으셔도 좋습니다. 천천히 둘러보세요."

"아, 네. 그럴게요."

"괜찮으시다면 제가 설명을 해드려도 될까요?"

김 과장은 자세하게 종류별로 설명을 해주었다. 손님은 그동안 불친절했던 세일즈맨들과 달리 성실한 그에게 매료되어 선뜻 계약을 했다. 그의 친절과 성실함이 손님의 마음을 움직였던 것이다.

그 뒤로도 그는 손님을 대할 때마다 상냥한 인사를 잊는 법이 없었다. 또 늘 자신보다 고객의 입장에서 배려했고 그런 노력이 오늘의 그를 있게 한 힘이었다.

인사는 공경의 뜻에 앞서 '사람의 가장 기본적인 일'이다. 인사를 잘하는 사람치고 성실하지 않은 사람, 남을 이용하거나 속이는 사람은 없다. 우리가 흔히 말하는 '사람됨'은 인사에서 나타난다고 할 수 있다.

"기업은 사람이다."라는 말이 있다. 기업이 성장하기 위해선 실력보다 예의가 있는, 인간성 좋은 사람을 가려 뽑아야 한다. 개인도 마찬가지로 아무리 실력이 있어도 인간성이 좋지 않으면 성장하지 못한다. 이는 결국 자신의 성공을 막는 족쇄가 될 것이다.

인사를 잘하는 사람은 좋은 인간관계를 맺을 수밖에 없다. 자신을 기억해주는 사람에게 끌리고 호감을 갖는 것은 인지상정이다. 인사 습관은 성공을 떠나 대인관계 형성에서 가장 좋은 통로이며 수단이라는 것을 잊지 말자.

명함 한 장에 내가 들어 있다

사회생활을 하는 사람이라면 지갑이나 다이어리 속에 명함 한두 장 없는 사람은 없을 것이다. 우리는 누군가와 첫 만남을 갖게 되면 자연스레 명함을 주고받는다. 명함이 바로 자신을 대신하는 이미지이기 때문이다. 따라서 명함을 주고받는 요령과 명함을 관리하는 방법을 제대로 알고 있어야 한다.

요즘에는 좀 더 확실한 자기 PR을 위해서 독특한 문구나 디자인으로 명함을 만드는 사람들도 보게 된다.

사람들에게 명함을 주고받을 때 불쾌한 기분을 느끼는 상황에 대해 물어보았다. 사람들의 대답은 5가지로 간추릴 수 있다.

1. 명함을 받자마자 바로 지갑이나 명함집에 넣어버릴 때
2. 마치 하사품을 주듯이 아무 말 없이 명함을 줄 때
3. 마지못해 줄 때
4. 명함을 받기만 하고 주지 않을 때
5. 명함에 메모할 때

세일즈맨들에게 있어서 가장 중요한 것 가운데 하나가 바로 명함이다. 그래서 신입사원 교육 과정에 명함을 주고받는 요령을 빠트리지 않고 넣는다.

명함을 주고받는 행위에는 여러 가지 의미가 있다. 그중에서 가장 중요한 것은 자신을 확실하게 알리는 것이며 또한 다음에 연락을 해도 괜찮다는 암묵적인 동의가 생긴다는 것이다. 따라서 상대방에게 건넨 명함 한 장이 다음 만남을 기약하고 더 나아가 친분까지 쌓게 하는 것이다. 때문에 명함을 잘 활용한다면 원만한 대인관계를 형성하는 데 큰 도움이 될 수 있다.

센스 있는 명함 관리를 통해 입소문이 난 곳이 있다. 경기도 평촌에 있는 대게요리전문점 '대게하우스'가 그곳이다. 이곳은 명함을 추첨하는 행사를 통해 고객 관리를 하고 있다. 이곳을 운영하는 최중경 사장은 고객 대부분이 건물 내 직장인이라는 점을 십분 활용해서 명함을 통한 고객 관리를 실시했다.

그는 계산대에 명함 수납을 위한 상자를 놓고, 명함을 넣는 고객들을 대상으로 일주일에 한 번씩 3명을 추첨, 9만 원 상당의 VIP 코스, 랍스타 코스, 대게나 킹크랩 코스 요리를 무료로 제공하고 있다. 명함이 없는 고객은 고객 관리 카드를 작성해 상자에 넣을 수 있도록 세심한 배려도 빠뜨리지 않았다.

대부분의 고객들은 명함 수납에 적극적이다. 명함이 점점 늘어날수록 점포를 찾는 고객에 대한 귀중한 정보도 함께 늘어가는 셈이다.

이처럼 대인관계뿐만 아니라 사업에서도 어떤 식으로 명함을 활용하느냐에 따라 성공의 성패가 달려 있다고 해도 지나친 말이 아니다.

간혹 어떤 사람을 만났을 때 명함을 안 가지고 나왔다고 하는 경우가 있다. 그런 사람들은 인맥을 소홀히 하는 사람일 확률이 높다. 조금만 신경을 쓰면 인생에서 가장 값진 '인적 자산'을 선물로 받을 수 있다. 명함 한 장에 '내'가 들어 있다는 것을 잊어선 안 된다.

Tip

★ 명함을 주고받는 요령

1. 자신을 먼저 소개하는 사람이 자신의 명함을 두 손으로 명함의 위쪽을 잡고 정중하게 건네야 한다. 명함을 받은 사람은 두 손으로 명함의 아래쪽을 잡아서 받는 것이 원칙이다.
2. 한쪽 손으로는 자신의 명함을 건네면서 다른 손으로는 상대방의 명함을 받는 사람이 있는데, 동시에 교환하는 것은 부득이한 경우가 아니고서는 실례라는 것을 지나쳐선 안 된다.
3. 상대방에게 받은 명함은 공손히 받쳐 들고 상세히 살핀 다음 정중하게 간수해야 한다.
4. 명함을 받은 뒤 곧바로 셔츠의 윗주머니에 꽂거나 지갑에 넣으면 안 된다.
5. 대화 도중에 상대방의 이름을 잊어버려 명함을 다시 꺼내보는 일이 없도록 해야 한다. 여러 사람들과 함께 만났을 때는 상대 좌석에 맞춰 명함을 테이블 앞에 나란히 놓고 대화를 나누면 이름을 혼동하는 실수를 막을 수 있다.

혹 이름이 독특하거나 함께 표기된 한자가 남다르다고 생각되거나 하면 상대방에게 정중하게 물어보면 된다. 이는 결코 실례가 되지 않을 뿐만 아니라 또 다른 대화의 소재가 될 수도 있다.

친절한 인사가 가져오는 것

45년 연구와 공부 뒤에 얻은 다소 당혹스러운 결론으로 내가 사람들에게
줄 수 있는 최상의 조언은 서로에게 조금 더 친절하라는 것이다.
― 올더스 헉슬리

상대방이 상냥하게 인사를 건네면 나도 모르게 답례 인사를 하게 된다. 또 어느샌가 미소를 띠게 되고 기분이 한층 쾌활해진다.

우리는 인사 잘하는 사람을 '친절한 사람'으로 기억한다. 이는 인사와 친절이 떨어질 수 없는 관계이기 때문이다. 인사성이 밝은 사람치고 친절하지 않은 사람은 없다. 마찬가지로 친절한 사람치고 인사성이 밝지 않은 사람도 없다. 그래서 우리는 절로 인사 잘하는 사람을 친절한 사람으로 기억하게 되는 것이다.

성공한 사람들에게는 인사를 통해 성공을 자신에게로 끌어당기는 능력이 있다. 평범한 사람들에게는 인사가 형식적이거나 사소한 예의일지 모르나 그들에게는 성공을 캐는 도구이다. 무엇보다 인사는 큰 힘을 들이지 않고 상대방의 지지를 이끌어낸다.

은행 창구에서 근무하는 친절한 여직원이 있었다.
어느 날 한 할아버지가 머뭇거리며 창구 앞에 서 있었다. 여직원은 다른 손님들에게 양해를 구하고 할아버지에게 다가갔다. 그리고 상냥한 인사말과 함께 무슨 일로 왔는지 물었다.
"어서 오세요. 할아버지, 무엇을 도와드릴까요?"
그러자 할아버지가 말했다.
"자식들이 모두 바깥에 나가 있어 내가 직접 공과금 내러 왔다오."
그녀는 차를 대접하고 의자도 내 주면서 용건을 묻고 바로 처리해드렸다.
며칠 후 지점장이 그녀를 불렀다. 그녀가 지점장실로 들어서자 지점장은 환하게 웃으며 말했다.
"한 고객께서 김 대리를 입이 마르도록 칭찬하셨어요. 또 큰 금액을 우리 은행에다 예치했구요."
"……."
지점장은 이어서 말했다.
"정말 기쁜 일이 아닐 수 없습니다. 또 이번 일을 통해 우리 은행이 친절한 은행이라는 것을 외부에 보여주게 되었으니……."

"무슨 말씀이신지……."

나중에야 그녀는 그 주인공이 며칠 전 자신이 친절하게 모셨던 할아버지였다는 것을 알 수 있었다. 사실 그 할아버지는 자신 소유의 건물뿐 아니라 꽤 넓은 토지도 갖고 있는 자린고비 부자였다.

하지만 그녀의 친절에 빗장을 굳게 닫고 있던 자린고비 할아버지의 마음이 열리고 말았다. 결국 다른 은행에 있던 돈을 친절한 여직원이 근무하고 있는 이 은행으로 옮겨온 것이다.

성공하기 위해선 무엇보다 원만한 대인관계를 형성할 수 있어야 한다. 혼자 힘으로 난관을 극복하고 꿈을 이룬다는 건 영화에서나 있을 법한 일이다. 내가 먼저 주지 않으면 상대방 역시 아무것도 주지 않는다. 그러나 친절한 인사를 선물하면 어떨까? 상대방은 마음속에다 고마움을 새길 것이다. 결국 작은 친절은 여기치 않은 상황에서 행운으로 다가올 것이다.

7 행복을 부르는 주문

행복은 당신 주변 가까운 곳에 있지, 결코 멀리 있지 않다.
어쩌면 오늘 당신이 경험할지도 모를 재난 바로 옆에 있을 수도 있다.
— 폴 마이어

행복은 어디에 있을까? 적어도 행복은 명예, 권력, 물질 따위에서 찾을 수 있는 것이 아닌 것 같다. 단지 우리가 자꾸만 먼 곳에서 행복을 찾으려 하기 때문에 발견하지 못할 뿐, 어린 왕자가 말했듯이 장미꽃 한 송이에서도, 물 한 모금에서도 찾을 수 있는 것 아닐까?

나는 행복을 찾을 수 있는 가장 쉬운 방법으로 '인사'를 권한다. 인사를 생활화하라! 상대방에게 쾌활하게 인사를 건네면 상대방뿐 아니라 나 자신도 쾌활해진다. 이 쾌활함은 시원한 청량음료처럼 마음을 행복하게 해준다.

고개만 까딱하지 말고 조금 어색하더라도 활짝 웃으며 인사를 건네보자. 또 할 수 있다면 상대방이 입고 있는 옷이나 넥타이의 포인트를 잡아 칭찬 섞인 인사말을 건네보자.

"어머, 이 대리님 넥타이 멋있는데요."

"선배님, 머리 새로 하셨어요? 근사한데요."

이런 인사말을 듣고도 응답을 하지 않는 사람은 없을 것이다. 대부분 웃으며 응답 인사를 보낼 것이다.

더 이상 아침 출근 때마다 마주치는 사람들을 모른 체하지 말자. 그 대신 "안녕하세요~ 좋은 아침이네요." 하고 미소 띤 인사를 건네보자. 그러면 상대방도 "안녕하세요~ 정말 상쾌한 아침이군요." 하고 응답 인사를 건넬 것이다. 이렇게 인사를 주고받다 보면 기분이 절로 상쾌해질 것이다.

정소연 씨의 얼굴 표정은 늘 그늘져 있었다. 가끔 아는 이들과 마주치면 다들 한결같이 "요즘 안 좋은 일 있어요?" "어디 안 좋은가 봐." 하고 물었고, 그럴 때마다 그녀는 "아닌데……." 하고 대답을 얼버무렸다.

어느 날 그녀는 서점에서 우연히 인상에 관한 자기계발서를 한 권 구입했다. 집에 돌아와 책을 집어 들고 읽기 시작했다.

책 한 부분에 이런 글귀가 있었다.

"상대방을 진심으로 반가워하며 인사를 하면 자신도 반가운 사람이 된다. 쾌활한 인사를 건네면 자신도 모르게 마음이 쾌활해진다. 누군가에게 인사를 건네는 행위는 행복을 부르는 주문을 외는 것과 같다."

그녀는 그동안 자신이 사람들을 만날 때 어떤 식으로 인사를 건넸는지 생각해보았다. 어두운 얼굴을 한 채 입만 뻥긋하거나 고개만 약간 숙이는 식의 인사. 그러니 얼굴이 환한 표정일 까닭이 없었다.

그녀는 책을 덮은 뒤 당장 거울 앞에서 웃는 연습을 했다. 처음에는 어색했지만 시간이 지나자 차츰 자연스러워졌다. 아는 이들을 만날 때면 그녀는 환한 얼굴로 인사를 건넸다. 그러자 그들 또한 미소 띤 얼굴로 응답 인사를 건넸다. 그리고 오간 몇 마디 말 속에서 그녀는 자신도 모르게 작은 행복을 비로소 깨닫게 되었다.

행복해지고 싶은가? 그렇다면 인사하기를 주저하지 말라. 인사를 건네라. 행복을 부르는 주문을 외워보라.

Tip ★ **제대로 응답한 인사에 상황도 바뀔 수 있다**

인사를 나눌 때는 건네는 사람이나 응답하는 사람이나 상대의 인사말에 분명하게 대답하는 것이 좋다. 대답 한마디가 상대를 기분좋게 할 수도 있고 불쾌하게 할 수도 있다. 칭찬을 하려던 사람이 분명치 않은 대답에 화가 날 수가 있고, 질책을 하려던 사람도 밝은 대답에 마음을 바꿀 수 있는 것이다.

8 Y 사장의 성공 비결

미래는 처음엔 상상 속에 존재하고, 그 다음엔 의지 속에 존재한다.
그러고 난 뒤에야 비로소 현실이 된다.
– 안톤 윌슨

    그동안 나는 잡지기자 생활을 하면서 다양한 사람들을 만났다. 그중에 오래도록 잊혀지지 않는 사람이 있다. 프랜차이즈 음식점을 경영하는 Y 사장. 그는 무일푼으로 시작해서 지금은 이름만 대면 누구나 아는 프랜차이즈 음식점을 경영하고 있다.
    처음 그와의 만남은 인터뷰 때문이었다. 그 후 나는 종종 동료나 친구들과 함께 그의 식당으로 찾아가곤 했다. 그러다 자연히 친분도 생기게 되었다. 그와 나는 나이 차이가 꽤 나는 편인데도 전혀 부담스럽지 않고 오히려 오래 알고 지낸 선배 같은 느낌이 든다.
    평소 나는 그의 사업 성공 비결에 대해 관심이 많았다. 하지만 그렇다고 대놓고 물을 수도 없는 노릇이었다. 그러다 우연찮게 그의 성공 비결에 대해 물어볼 기회가 생겼다.

어느 날 그는 새로 출시할 메뉴를 개발했다며 나를 불렀다. 그가 개발한 메뉴는 호박과 삼겹살을 이용해 만든 퓨전 요리였다.

음식을 맛보고 난 후 그와 차를 마셨다. 그때 나는 웃으며 그에게 물었다.

"사장님은 자수성가하셨는데, 남다른 비결이 있으시겠지요. 그 비결 좀 알려주세요."

그러자 그는 손을 내저으며 조심스레 말했다.

"나는 단 한번도 내 능력이 뛰어나거나 특별하다고 생각하지 않았다네. 사실 그동안 고생도 꽤 했고 힘든 일도 많았지. 하지만 아무리 힘든 일이 있어도 사람에 대한 기본 예의는 잊은 적이 없다네. 나처럼 가진 것 없는 사람이 무얼 할 수 있겠나?"

그는 잠시 말을 끊고 나를 쳐다보았다. 나는 잠자코 그의 입에서 흘러나올 특별한 말을 기다렸다.

"손님들에게 경쟁 음식점보다 더 친절하게 대하려고 애썼지. 손님들에게 호감을 사는 방법 중에 가장 좋은 것이 인사더라구. 그래서 예절에 관한 책을 여러 권 사보며 연습했지. 처음에는 이렇게까지 할 필요 있을까 하는 회의감도 들었지. 그래도 이왕 시작한 거 잘 해보자 싶은 마음이 컸다네. 그러다 보니 지금은 인사만큼은 어느 곳에도 뒤지지 않을 자신이 있다네. 그런데 그때부터 우리 식당이 친절하기로 소문이 나면서 손님들이 조금씩 늘기 시작하더니 지금처럼 커지게 된 걸세."

누구보다 인사를 비즈니스에 잘 활용한 사례이다. 경쟁 음식점들이 이익에만 신경 쓸 때 그는 친절한 인사를 통해 손님들에게 호감을 샀던 것이다. 그의 사업 성공 비결은 바로 인사였다.

나는 그를 만날 때마다 반가운 사람을 대하는 것처럼 기분이 좋았다. 그 당시에는 이유를 알 수 없었지만 지금 생각해보면 바로 그의 인사 때문이었다. 그가 내게 건네는 밝은 인사는 우리의 만남을 유쾌하게 해주었고 만날수록 친밀한 관계로 이끌어주었던 것이다.

대인관계가 원만하지 못하면 결코 그 기회도 성공도 있을 수 없다. 누구나 쉽게 상대방에게 호감을 살 수 있는 방법이 있다면 그것은 다름 아닌 밝은 인사이다.

다른 부서나 거래처 사람일지라도 절대 함부로 대해선 안 된다. 오히려 내부 사람보다 더 관계를 중요시해야 한다. 당장 직접적인 관계가 없더라도 예의를 갖추고 친절하게 인사를 건네라. 평판은 내 입에서 만들어지는 것이 아니라 다른 사람들의 입을 통해 전해지는 것이다.

이제는 사람에게서 구해야 하는 시대다. '나'라는 브랜드의 관리가 중요하다는 것을 잊지 말자. 어디에서든 기본이 된 사람이란 소리를 들을 수 있도록 노력해야 한다. 그러기 위해선 누구를 대하더라도 내 사람이라는 생각으로 열정을 갖고 임해야 한다. 그러할 때 그 누구도 당신에게 부정적인 마음을 갖지 않고 당신의 든든한 파트너가 되어 줄 것이다.

원만한 인간관계를 이루는 비결

인사는 인간관계를 원활히 하기 위한 일정한 형식, 또는 의례적인 상호 행위이다. 하지만 인사를 형식이나 행위로만 규정짓는다면 인간관계가 너무 삭막해지지 않을까? 나는 인사에 상대방을 배려하거나 상대방의 말을 잘 듣는 것도 포함된다고 생각한다. 인사는 무엇보다 관계를 원활하게 위한 스킬이기 때문이다.

사람들 중에는 자신의 말하기에만 열중한 나머지 상대방의 말을 잘 들을 줄 모르는 사람이 있다. 이런 사람과는 원활한 의사소통이 이루어질 리 만무하다. 상대방을 배려하지 않고 말하기보다 차라리 침묵을 유지하는 것이 나을 것이다.

우리는 누군가 나에게 관심을 가져주거나 내 말에 귀기울여줄 때 마음이 열린다. 상대방에게 호감을 느끼게 되는 것이다. 반면, 나를 무시하거나 대화 도중에 불쑥 나의 말을 자르거나 끼어든다면 불쾌감을 느끼게 된다. 자연히 상대방은 다시는 말하고 싶지 않은 사람으로 낙인찍히고 만다.

혹 말을 잘하는 방법에 대해서 고민을 하고 있다면 말하기보다 듣기를 잘하고 있는지를 점검해봐야 한다. 말하기의 기본이 바로 듣기이기 때문이다. 미국의 한 대학에서 말하기 과정과 듣기 과정, 두 과정을 개설했는데 말하기 과정에는 1천 명 가까운 인원이 등록 신청을 했는데 듣기 과정에는 단 두 명만 등록 신청을 했다고 한다. 이를 통해 우리는 대부분의 사람들이 듣기보다 말하기를 좋아한다는 것을 알 수 있다. 상대방에게 내 말을 할 때 가슴속에 쌓여 있던 짐을 치우듯 후련해지지만 상대방의 말을 끝까지 들을 때는 지루하고 힘들게만 느껴진다. 또 상대방의 얼굴을 바라보면서도 머릿속에선 '언제 끝날까?' 하고 생각할 것이다. 사실 말을 듣기만 한다면 그처럼 답답한 일도 없을 것이다.

대화를 할 때 자신의 말에 힘을 실어줄 뿐 아니라 적극적으로 자신의 표현력을 높이는 방법은 말하기보다 상대방의 얘기에 집중해서 들어주는 것이 더 좋은 방법이 된다.

인간은 귀가 둘인데 입은 하나다. 그 이유는 말하기보다 두 배로 들으라는 심오한 뜻을 담고 있다. 자신의 말에 귀 기울여주고 끝까지 들어주는 사람에게 반감을 가지는 사람은 없다. 오히려 그 사람의 단점마저 장점으로 돌려서 생각할 것이다. 따라서 상대방의 말만 잘 들어줘도 좋은 인상을 심어줄 수 있다.

예전에 내가 다녔던 직장에 늘 동료들로부터 따돌림을 당하던 직원이 있었다. 그는 늘 혼자서 점심을 먹었고 퇴근 후에도 동료들과 간단하게 술 한 잔 기울이는 적이 없었다. 나중에 안 일이지만 그는 자기 생각만 했지 다른 사람들의 입장을 생각하는 배려심이 없었다. 상사로부터 힘든 업무가 주어지면 부하 직원이나 동료들에게 바쁘다는 핑계로 미루곤 했다.

또 회의를 할 때 동료들의 의견에 귀를 기울여주기보다 공격하기 바빴고 누군가 말하는 중간에 말을 잘라먹기도 했다. 결국 이런 일련의 자기 위주의 행동들이 동료들로부터 배척당하게 했고 외로운 신세가 되고 말았던 것이다.

"저 친구는 기본이 안 돼 있어." "저 친구랑 말하면 왠지 모르게 기분이 나빠져." "지가 잘났으면 얼마나 잘났냐?"

어디를 가더라도 사람들로부터 결코 이런 말을 들어선 안 된다. 이런 말이 나왔다는 것은 그 사람들에게 이미 부정적인 인식이나 상처를 안겨주었다는 뜻이기 때문이다.

"정성껏 들어주면 돌부처도 돌아본다."라는 말이 있다. 상대방의 말을 잘 들어주는 것도 인사의 스킬 가운데 하나이다. 이 스킬을 잘 활용하는 사람은 상대방을 든든한 후원자로 만들 수 있지만 서툰 사람은 아무리 좋은 사람이어도 적으로 만들 수 있다.

대화를 할 때는 반드시 상대방의 입장을 고려해서 해야 한다. 자신이 하는 말이 상대방에게 어떤 인상을 남길지 상상해보는 것도 좋을 것이다. 그러면 분명 상대방에게 좋은 이미지를 남기는 데 도움이 된다.

06 일상 속의 인사

인사는 집 안에 웃음꽃이 피게 한다
오늘 하루 우리에게 주어진 삶에 대한 감사의 인사
음식, 생명을 살리는 고마운 존재에 대한 감사의 인사
미소는 사람을 내 편으로 만든다
첫인상 좋게 하는 인사
인사만 잘해도 반은 먹고 들어간다
다음 만남을 기약하는 인사
타인에게 호감을 사는 전화 예절

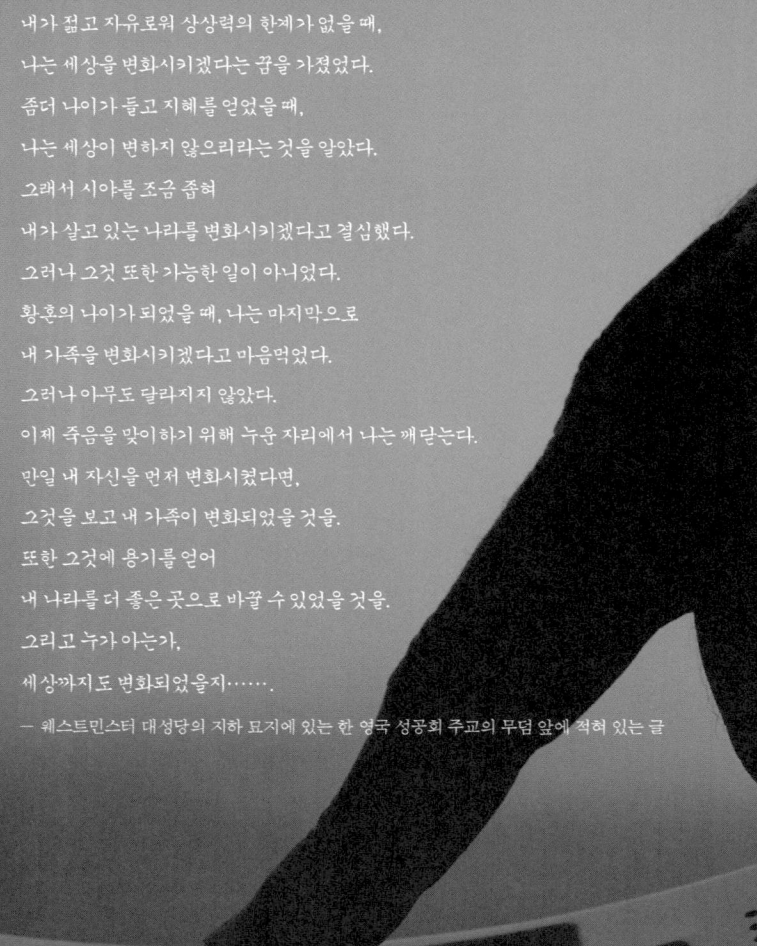

내가 젊고 자유로워 상상력의 한계가 없을 때,
나는 세상을 변화시키겠다는 꿈을 가졌었다.
좀더 나이가 들고 지혜를 얻었을 때,
나는 세상이 변하지 않으리라는 것을 알았다.
그래서 시야를 조금 좁혀
내가 살고 있는 나라를 변화시키겠다고 결심했다.
그러나 그것 또한 가능한 일이 아니었다.
황혼의 나이가 되었을 때, 나는 마지막으로
내 가족을 변화시키겠다고 마음먹었다.
그러나 아무도 달라지지 않았다.
이제 죽음을 맞이하기 위해 누운 자리에서 나는 깨닫는다.
만일 내 자신을 먼저 변화시켰다면,
그것을 보고 내 가족이 변화되었을 것을.
또한 그것에 용기를 얻어
내 나라를 더 좋은 곳으로 바꿀 수 있었을 것을.
그리고 누가 아는가,
세상까지도 변화되었을지······.

— 웨스트민스터 대성당의 지하 묘지에 있는 한 영국 성공회 주교의 무덤 앞에 적혀 있는 글

1. 인사는 집 안에 웃음꽃이 피게 한다

발이 없는 사람을 보기 전까지는 내게 신발이 없음을 슬퍼했습니다.
― 페르시아 속담

　　인사는 직장과 사회생활에서도 중요하지만 사랑과 혈연으로 맺어진 가족 구성원이 생활하는 가정에서는 반드시 필요한 것이라고 할 수 있다.

　　남편과 아내 사이, 부모와 자식 사이에 아침에 집을 나설 때나 퇴근해서 집에 돌아올 때 사랑을 듬뿍 담아 인사를 나누는 가정이 있다. 이런 가정은 늘 화기애애하고 웃음꽃이 핀다. 이기심이나 미움, 원망 같은 부정적인 모습은 찾아볼 수 없다.

　　그런데 또 가족을 남 대하듯 하는 냉랭한 가정도 있다. 이런 가정만의 특징이 있는데, 남편은 아내를 식모 부리듯 하고 아내는 남편을

돈벌어 오는 기계 대하듯 한다는 것이다. 자식들은 필요할 때만 부모를 찾는 세태가 되어가고 있고, 가족 간의 소통도 잘 이루어지지 않아 서로를 이해하고 따뜻한 정을 나누는 풍경도 보기 어렵다.

오늘 최 부장은 김 상무에게 질책을 받았다.
"최 부장, 요즘 실적이 영 말이 아니야!"
"……."
요즘 들어 부쩍 영업부의 실적이 떨어졌다. 자연히 최 부장의 신경이 칼날처럼 곤두 서 있다. 부하 직원들은 그런 최 부장을 보며 늘 조심이다. 하지만 이런 최 부장에게 오아시스처럼 행복한 공간이 있다. 그곳은 다름 아닌 집이다.

최 부장이 퇴근하고 집에 오면 민희와 성호는 미소를 지으며 맞는다.
"아빠! 다녀오셨어요? 어서 오세요!"
딸 민희가 애교 띤 목소리로 인사를 건넨다. 그러자 이에 질세라 아들 성호도 인사를 한다.
"아버지, 다녀오셨어요? 가방 이리 주세요."
최 부장은 자식들의 인사를 맞으며 구두를 벗을 때가 가장 기분이 좋다. 직장에서 쌓인 스트레스가 한순간에 날아가는 것 같다.
곧이어 주방에서 분주하게 저녁을 준비하던 아내도 나와서 환한 얼굴로 말한다.

"여보, 오늘도 고생 많았죠?"

"고생은 무슨……."

최 부장은 말은 이렇게 하면서도 아내의 말에 가슴이 저며든다. 그리고 자신을 이처럼 환영하는 식구들이 있다는 생각에 금세 기분이 밝아진다.

"아, 냄새 한번 좋다."

"당신 좋아하는 순두부찌개 끓여놨어요. 얼른 씻고 오세요."

최 부장은 아무리 직장 일이 힘들어도 퇴근하고 집에 들어오면 더없이 행복하다. 자신을 세상에서 가장 소중하게 생각해주는 가족이 있기 때문이다.

딸이 아버지가 출근할 때나 퇴근 뒤 집에 들어설 때도 마지못해 "다녀오셨어요?" 하고 인사를 건넸다고 생각해보자. 그런 딸의 목소리가 상냥하거나 목소리 속에 사랑과 존경이 담겨 있을 까닭이 없다. 이런 인사를 들은 아버지의 마음은 어떨까? 소외감, 허탈함을 느끼지 않을까? 결국 이런 일이 반복되면 가정이 주는 즐거움은커녕 소외감만 더할 것이다.

나는 이 책을 집필하면서 사람들에게 이런 질문을 던져보았다.

"힘든 하루를 보내고 퇴근해서 자식들의 형식적인 인사를 받았을 때 어떤 마음이 들었습니까?"

사람들의 대답은 다양했다. 하지만 그중에서도 이 대답이 주류를 이루었다.

"돈 벌어주는 기계라는 생각이 들죠."

"앞으로 그런 자식을 의지해야 한다고 생각하니 미래가 암울하죠."

부모가 먼저 자식들에게 사랑이 담긴 인사를 건네야 마찬가지로 자식들에게서도 사랑의 인사가 되돌아온다는 것을 알아야 한다.

괴테는 "친절은 사회를 움직이는 황금의 쇠사슬이다."라고 말했다. 하지만 나는 인사야말로 가정을 움직이는 쇠사슬이라고 말하고 싶다. 가족 간에 인사가 없다면 자연히 대화도 줄어들게 마련이다. 또한 서로의 가슴에 있어야 할 정 대신 소외감만 자리할 것이다.

인사는 마음을 움직이는 마법의 미소라는 것을 잊지 말자. 내가 먼저 남편에게, 아내에게, 자식들에게 환한 미소와 함께 인사말을 건넬 때 마법은 힘을 발휘하게 된다.

자, 이제 사랑하는 가족들에게 세상에서 가장 다정한 인사말을 건네보자.

2. 오늘 하루 우리에게 주어진 삶에 대한 감사의 인사

많은 사람이 행복을 미래에서간 찾으려고 하기 때문에
그것이 바로 지금 여기에 있다는 것을 모른다.
― 파스칼

    우리는 누구나 신으로부터 날마다 그 무엇과도 바꿀 수 없는 소중한 선물을 받는다. 그 선물을 통해 자신의 목표를 이루고 꿈을 현실화시킬 수 있다. 그 선물은 바로 '오늘'이다. 그런데 사람들은 이 '오늘'이라는 선물의 가치를 잘 깨닫지 못한다. 오히려 영원히 지속될 것으로 착각해 헛되이 흘려보낸다.
    내가 그동안 만났던 성공한 이들은 한결같이 자신에게 주어진 삶에 대해 감사한 마음을 갖고 있었다. 그들은 아침에 눈을 떴을 때, "오늘도 분명 좋은 일이 일어날 거야." "살아 있다는 것은 정말 신나는 일이야." 하고 하루를 축복한다고 했다. 그리고 하루 일과를 마치고 잠

들기 전에도 "오늘 하루도 잘 살았어." "내일은 오늘보다 더 열심히 살아야지." 하고 자기 격려와 위안을 삼았다. 그들은 늘 삶에 대해 감사할 줄 알았고 인사를 잊지 않았다. 그런 그들이 그렇지 않은 사람들에 견주어 훨씬 행복하고 성공적인 삶을 사는 것은 어쩌면 당연한 일이다.

틱낫한 스님의 책에 이런 글이 나온다.
"우리는 현재가 아니라 미래에 살려고 노력하는 경향이 있다. 우리는 말한다. '학교를 졸업하고 박사 학위를 따면 그때 가서 멋지게 살 것이다.' 그러나 힘들게 그것을 이루고 나면 또 이렇게 자신에게 말한다. '멋지게 살려면 먼저 좋은 직장을 구해야만 해.' 직장을 얻은 다음에는 자동차가, 자동차 다음에는 집이 기다리고 있다.

우리는 '지금 이 순간'을 살지 못하고 끝없이 미래로 삶을 미룬다. 언제인지도 모를 먼 미래 때문에 '지금 이 순간'이 살아 있는 순간이 되지 못한다. 어쩌면 전 생애에 걸쳐 우리는 단 한번도 살아 있는 순간을 경험하지 못하는지도 모른다.

'삶의 기술'이란 다름 아닌 '지금 이 순간'에 존재하는 것이다. '지금 여기'에 살아 숨 쉬고 있음을 깨닫는 일이다. 그리고 내가 존재할 수 있는 유일한 순간은 바로 '지금 이 순간'임을 깨닫는 것이다."

일생에서 가장 경이로운 순간은 바로 지금이다. 우리는 오직 현재에서만 숨 쉬고 살 수 있다. 아무리 지나온 과거가 화려하고 행복했다고 하더라도 그 시간으로 되돌아갈 수 없다. 또한 원대한 미래를 꿈꾼다고 해도 미리 그 곳으로 갈 수 없다. 나에게 주어진 오늘 하루가 경이로울 수 있는 것은 이 때문이다.

헬렌 켈러가 쓴 『3일 동안만 볼 수 있다면』을 감명 깊게 읽은 기억이 있다. 그 책은 우리가 진정으로 감사해야 할 것이 얼마나 많은지 가르쳐준다.

"만약 내가 사흘간 볼 수 있다면, 첫날에는 나를 가르쳐준 설리번 선생님을 찾아가 그분의 얼굴을 보겠습니다. 그리고 산으로 가서 아름다운 꽃과 풀과 빛나는 노을을 보고 싶습니다.

둘째 날엔 새벽에 일찍 일어나 먼동이 터오는 모습을 보고 싶습니다. 저녁에는 영롱하게 빛나는 하늘의 별을 보겠습니다.

셋째 날엔 아침 일찍 큰길로 나가 부지런히 출근하는 사람들의 활기찬 표정을 보고 싶습니다. 점심때는 아름다운 영화를 보고 저녁에는 화려한 네온사인과 쇼윈도의 상품들을 구경하고 저녁에 집에 돌아와 사흘간 눈을 뜨게 해주신 하느님께 감사의 기도를 드리고 싶습니다."

헬렌 켈러의 소망은 아주 소박한 것이었다. 우리가 날마다 누리는 평범한 것들이었다. 그런데도 그녀는 그것조차 마음껏 누릴 수 없었다. 하지만 그녀는 그런 불완전한 삶을 원망하거나 저주하기보다 아낌

없이 사랑했다. 그녀는 자신에게 주어진 오늘 하루의 삶에 대해 감사할 줄 아는 사람이었다.

우리는 이미 너무나 많은 것을 받았다. 나뭇잎에 반사되는 햇빛을 볼 수 있는 눈과 사랑하는 사람의 곁으로 갈 수 있는 건강한 몸이 있다. 또한 말로써 마음을 표현할 수 있고, 무엇보다 곁에 나를 사랑하는 사람들과 꼭 이루고 싶은 꿈이 있다. 그런데도 많은 사람들은 삶에 대해 고마워하는 데 인색하다.

행복하고 싶다면 오늘 하루 우리에게 주어진 삶에 대한 감사의 인사를 잊지 말아야 한다. 오늘 하루의 삶이 나를 위해 행복한 일로 가득 채워져 있다고 기대해보라. 그러면 절로 감사의 잔이 차고 넘칠 것이다. 하루하루가 참으로 소중하고 기대에 가득 찬 나날이 될 것이다.

3
음식, 생명을 살리는 고마운 존재에 대한 감사의 인사

그대 안에 모든 것이 있다.
― 베토벤

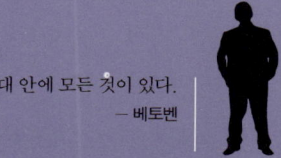

　우리는 하루 세 끼 밥을 먹고 또 때때로 간식을 먹는다. 우리가 먹는 음식에는 채소와 생선, 동물, 과일 등 종류도 다양하다. 이처럼 하루도 빠짐없이 많은 음식을 소비하지만 이에 대해 제대로 감사하는 마음을 가지지 않는 게 우리의 일상이다.
　음식을 먹기 전이나 먹고 난 뒤 고마운 마음을 가지는 것은, 자연과 신에게 인사를 드리는 것과 같다. 혹 이 말에 신앙을 갖지 않은 사람들은 거부감을 가질지 모르겠다. 그러나 음식을 먹는 행위는 우리가 생명을 이어가는 것과 다를 바 없다. 따라서 음식에 대한 인사를 떠나 생명을 유지할 수 있는 데 대한 고마움이라고 여긴다면 거부감이 덜할 것이다. 굳이 자연이나 신이 아니라 음식 자체나 이를 가능케 한 '소중한 존재'라고 해도 좋다.

불교에 오관게五觀偈란 것이 있다. 이것은 불자들이 공양할 때 외우는 다섯 구의 게송을 말한다.

이 음식이 어디서 왔는고
내 덕행으로 받기가 부끄럽네
마음의 온갖 욕심을 버리고
몸을 보호하는 약으로 알아
깨달음을 이루고자 이 공양을 받습니다
計功多少量彼來處
忖己德行全缺應供
防心離過貪等爲宗
正思良藥爲療形枯
爲成道業膺受此食

사찰에서는 공양도 하나의 의식이자 수행이다. 공양물이 앞에 놓이면 먼저 죽비를 한 번 치고 대중이 함께 오관게를 외운다. 오관게를 낭송하고 나서 죽비를 세 번 친 뒤에 공양을 시작하고 그릇도 음식을 남기지 않고 깨끗이 비운다. 그저 밥을 먹는 게 아니라 한그릇 밥의 고마움과 그에 보답하는 삶을 살겠다는 뜻을 담고 있다.

이는 기독교에서도 마찬가지이다. 밥을 먹기 전에 반드시 하느님께 일용할 양식을 주어 감사하다는 기도를 드린다.

지금 여기 이 밥과 한 몸이 되게 하소서.
이 밥이 우리에게 먹혀 생명을 살리듯
우리도 세상의 빛과 소금이 되어 세상을 살리게 하소서.
한 방울의 물에도 하늘과 땅의 은혜가 스며 있고,
한 톨의 낟알에도 뭇사람의 땀이 담겨 있으니
고마운 마음으로 먹게 하소서.
우리를 살리신 예수 그리스도의 이름으로 기도합니다.

밥에 대한 감사는 특정한 종교를 떠나 거의 모든 종교에서 이루어지는 의례 가운데 하나이다.

군인들도 반드시 "잘 먹겠습니다!" 하는 감사의 구호를 외친 뒤 밥을 먹는다. 이는 자식을 군대에 보낸 어버이의 사랑과 쌀 한 톨을 얻기 위해 고생하는 농민들의 고마움에 조금이라도 보답하는 뜻에서 하는 의례이다.

오래전 독자한테서 반가운 편지 한 통을 받은 적이 있다. 그 편지는 공군에 입대한 독자가 보낸 것이었다.

공군에 입대해 제가 맡은 보직은 취사입니다. 하루에 세 번 밥을 하면서 새삼 부모님의 은혜를 느끼게 되었습니다. 사실 저는 군에 입대하기 전까지 부모님에 대한 소중함에 대해 생각해본 적이 없었습니다. 당연히 밥에 대한 고마움도 느낄 수 없었지요.
하지만 밥을 하면서 부모님에 대한 소중함, 그리고 곡식 하나하나의 소중함을 뼈저리게 느끼게 되었습니다. 군에 들어와서 가장 큰 보람을 느끼는 일은 바로 우리의 생명을 이어주는 소중한 밥을 짓는 것입니다.

우리가 힘든 시련을 겪을 때 새삼 느끼는 것이 음식에 대한 소중함이다. 음식은 바로 생명과 연결되기 때문이다. 오죽하면 "눈물 젖은 빵을 먹어보지 않은 사람과 인생을 논하지 말라!" 하는 말이 있겠는가!
평소 음식을 대할 때 고마움을 느끼는 것, 이것이 바로 나를 지탱해주고 앞으로 나아가게 하는 힘을 주는 음식에 대한 인사이다. 자신의 생명을 영위하게 하는 음식에 대해 인사를 하지 않는 사람을 보면 우리에게 주어진 삶 자체에 고마움을 느끼지 않는 것 같다. 또한 사소한 것에 고마워할 줄 아는 마음이 결여되어 있다. 이런 사람이 진정 행복할 수 있을지 의문이다.

　유대인들은 식탁이 신의 축복을 받은 장소요, 안식의 장소요, 기쁨의 장소요, 가르침의 장소요, 천국의 모형이라고 가르친다. 음식을 욕구 충족을 위해 먹는 것만으로는 삶의 가치가 없다는 것이다. 감사와 기쁨이 없이 음식을 먹는 것은 우리가 이 세상과 우주의 유기적인 생명체라는 것을 부정하는 것과 같다. 음식에 대한 인사는 곧 신에 대한 감사임을 가르치는 것이므로 그들은 식탁을 풍요롭고 정성껏 준비하는 일을 자녀 교육의 일부로 여긴다. 그러므로 그들이 자녀를 위해 만드는 음식은 단순히 음식에 지나지 않은 것이 아니라 부모의 마음과 철학과 사랑이 담겨 있다는 의식을 갖고 있다.

　우리는 또 사람들과 맛있는 음식을 먹으며 친분을 유지한다. 음식은 단지 생명을 이어가기 위한 것이 아닌, 관계를 맺어주는 매개체인 것이다. 지금보다 가치 있는 삶을 살고 싶은가? 행복한 삶을 살고 싶은가? 그렇다면 나를 위해 마련되어 있는 음식을 당연하게 생각하지 말고 고마워하는 마음을 갖자. 음식은 소중한 것에 고마워하고 만족할줄 아는 지혜를 되돌려줄 것이다.

4 미소는 사람을 내 편으로 만든다

> 행복도 하나의 선택이며 그 가운데
> 가장 잘 알려지고 오래된 방법은 미소짓는 것이다.
> ─ 잭 캔필드

    1분 동안 웃으면 수명이 이틀 더 늘어나고, 5분간 웃으면 5백만 원 어치의 엔도르핀이 몸에서 분비되어 건강해진다고 한다. 말 그대로 웃음은 질병을 예방하기도 하고 실제로 치료 효과도 갖는 치료제라고 할 수 있을 것이다.

    소리 내어 크게 웃지 않고 미소만 지어도 행복한 에너지가 나에게 깃든다. 미소짓는 사람은 다른 사람에게도 호감을 사게 돼 인간관계나 사업 운이 좋아질 수밖에 없다. 따라서 일부러라도 밝게 미소짓는 노력이 필요하다.

    인사할 때 밝은 미소를 짓는다면 상대방의 마음은 어떨까? 인사를 받는 상대방의 기분은 분명 상쾌해진다. 자연스레 응답 인사도 그 못지않게 밝게 건네질 것이다. 미소 띤 인사는 상대방의 마음을 밝게 해주는 효력을 지닌다. 그래서 특히 서비스업에 종사하는 사람들은 항상 미소 띤 인사를 생활화해야 하는 것이다.

얼마 전 노트북에 이상이 생겨 S사 서비스센터에 갔다. 그런데 그 노트북은 한 달 전 똑 같은 원인으로 수리를 받았고 또다시 같은 원인으로 서비스센터를 찾았던 것이다. 나는 상냥하게 인사를 건네는 여직원에게 불만스러운 마음을 퉁명스럽게 전했다. 사실 그 당시 급히 써야 할 원고가 있었기 때문에 내 기분은 상당히 불쾌해져 있었다.

그런데 그 여직원은 나의 톡톡 쏘는 듯한 말투에도 여전히 미소를 잃지 않고 있었다. 또한 미소를 띤 얼굴로 나의 불만을 귀담아 들어주었고 내내 죄송하다는 말을 거듭했다. 자신의 일 마냥 어쩔 줄 몰라 하는 여직원의 모습에 나도 모르게 미안한 마음이 생겼다. 그래서 내가 너무 심하게 한 건 아닐까 하는 생각마저 들었다.

노트북은 맡긴 지 30분 만에 다시 나에게 건네졌다. 노트북을 받으며 나는 퉁명스럽게 대했던 여직원에게 흐뭇한 마음으로 "고맙습니다. 수고하세요." 하는 인사를 건넸다.

집으로 돌아오면서 조금 전 나의 행동에 대해 곰곰이 생각해보았다. 해답은 바로 그 여직원의 상냥한 인사말과 함께 진심이 담긴 배려와 미소 때문이라는 것을 알았다. 만일 그 여직원이 가식적이거나 형식적으로 인사말을 건네거나 미소를 지었다면 누구보다 내 자신이 먼저 눈치 챘을 것이다.

그날 나는 마음은 마음이 먼저 느낀다는 것을 새삼 깨달을 수 있었다.

누구를 만나도 인사를 하는 둥 마는 둥 하거나 고개만 겨우 까닥하는 사람이 있다. 이런 사람은 스스로를 상대방에게 가치 없게 홍보하는 것과 다를 바 없다. 대체 누가 자신을 하찮게 여기는 사람을 귀하게 생각해줄까? 그런 사람은 아무도 없을 것이다. 뿐만 아니라 그 누구도 그런 사람과 가까이 하려들지 않을 것이다. 만일 그와 가까이 한다면 분명 그도 똑같은 부류가 될 테니까 말이다.

이런 사람은 특히 서비스업에 몸담아선 안 된다. 비즈니스의 기본인 인사가 습관화되어 있지 않다면 고객 경영을 제대로 할 수 없기 때문이다.

비즈니스에서 성공하는 사람들에게는 나름대로의 이유가 있지만, 많은 이유 가운데서도 으뜸은 바로 '고객 경영'이다. 고객 경영은 다름 아닌 친절한 인사에서 비롯된다. 새 고객이든 단골 고객이든 진심을 담아 상냥하게 인사를 건네는 것을 잊지 않는다. 인사야말로 상대방과 자신을 단단하게 묶어주는 끈이라는 것을 잘 알기 때문이다.

세일즈의 가장 기본 원칙은 "나 자신을 팔아라!"이다. 어떤 일을 하든지 나 자신을 파는 마음으로 임한다면 성공하지 못할 일이 없다. 이런 마인드는 진정 고객의 입장에서 생각하지 않는다면 결코 생겨날 수 없다.

같은 맥락에서 생각해보면 인사도 나 자신을 타인에게 파는 것과 크게 다르지 않다. 다른 게 있다면 스스로 자신을 다른 사람에게 최고의 가치, 즉 좋은 이미지로 각인시킨다는 것이다.

인사, 특히 처음 만난 사람과 나누는 인사는 앞으로의 관계를 결정짓는 요인이 될 수 있다. 다른 사람이나 고객에게 고마움이나 사과 같은 진심을 표현하는 데 있어 인사만큼 효과적인 것도 없다. 미소와 함께 짧은 인사말을 덧붙인다면 자연스레 좋은 기운이 상대에게도 전해지게 된다. 그리하여 절로 사업이나 인간관계가 좋아지는 것이다.

5 첫인상 좋게 하는 인사

아름다운 입술을 갖고 싶다면 친절한 말을 하라.
— 오드리 헵번

    우리는 끊임없이 누군가와 소통하며 살아가고 있다. 싫든 좋든 자신에게 유리하든 불리하든 대인관계를 통해 이미지를 전달하는 것이다. 활달하고 긍정적인 성격으로 자기를 알리는 데 주저하지 않는 이도 있지만, 수줍고 부정적인 성격 탓에 만남을 꺼리는 이도 있다. 이런 사람은 '내성적인 사람' 혹은 '껄끄러운 사람'이라는 이미지가 각인된다. 결국 사람들은 그 이미지에 맞는 반응을 보이게 되는 것이다. 이처럼 대인관계에 있어 이미지는 자신과 떼려야 뗄 수 없는 관계에 있다.

    인상학 전문가인 주선희 박사가 쓴 『얼굴 경영』에 보면 이런 말이 나온다.

"'첫인상'이 대인관계의 80~90%를 좌우한다. 얼굴이 캔버스라면 채색을 하는 물감과 붓은 그 사람의 마음과 행동이다. 선천적으로 타고난 뼈대야 고치기 힘들다지만 얼굴의 색이나 분위기는 자신이 어떻게 마음먹고 얼마나 노력하느냐에 따라 달라진다. 길은 갈 탓, 말은 할 탓, 인상은 만들 탓이다."

낯선 사람을 만나서 받은 이미지는 뇌리 속에서 쉽게 사라지지 않는다. 첫인상이 중요한 이유도 여기에 있다. 한번 박힌 첫인상은 언제까지나 꼬리표처럼 따라다니기 때문이다. 그러나 첫인상은 어떻게 마음을 먹느냐에 따라 얼마든지 좋게 연출할 수 있다.

40대 중년여성들 앞에 선 이미지 컨설턴트 김락기 씨. 그녀는 깔끔한 외모와 똑 부러지는 말솜씨, 마음을 먼저 읽는 화술로 인생 선배들을 맛있게 요리한다.

김락기 씨가 한방화장품 백옥생을 만드는 정산생명공학의 서울 성내지사에서 특별 강의를 했다. 강의 주제는 '첫인상 5초의 법칙'. 지점장의 소개가 끝나자 연단으로 올라온 김 씨는 대뜸 이렇게 물었다.

"제 첫인상이 어떠세요?"

그러자 다양한 대답이 날아든다.

"피부가 정말 좋아요." "맏며느리감이에요!" "마냥 좋아요."

그녀의 활기찬 목소리와 밝은 얼굴, 스스럼없는 행동이 이내 청중의 호감을 얻는다.

그녀가 말하는 성공의 비결은 '첫인상'이다.

"성공한 사람들의 가장 큰 비결이 무엇인지 아세요? 첫인상이 좋은 겁니다. 첫인상을 결정짓게 하는 대상은요? 고객이죠. 고객은 누군가요? 돈이죠. 돈을 벌려면? 고객을 만족시켜야 합니다. 나 이외의 모든 사람이 고객입니다."

"첫인상이 평생을 좌우 한다."라는 말이 있다. 타인에게 신뢰와 호감을 주는 첫인상. 이런 인상의 소유자는 그렇지 않은 사람보다 좀 더 수월하게 성공을 이룰 수 있다. 주위에 많은 지지자를 확보할 수 있기 때문이다.

자주 웃지 않으면 얼굴 근육이 굳어 웃는 것도 쉽지 않다. 얼굴 근육을 풀어주는 운동을 자주 하면 도움이 된다. 나는 화나는 일이 있거나 기분이 좋지 않을 때 '아' 소리를 내며 입을 최대한 크게 벌리고, 눈동자를 위·아래·좌·우, 원 모양으로 움직인다. 그리고 입술을 쭉 내밀기도 하고, 입안에 공기를 넣어 좌우로 굴려보기도 한다. 배에서 나는 소리로 '아·에·이·오·우'를 외치며 박수를 친다. 그러면 경직된 얼굴 근육을 부드럽게 하는 데 많은 도움이 된다.

칭찬은 고래도 춤추게 한다고 하지 않던가. 칭찬은 첫인상을 좋게 하는데도 도움이 된다. 칭찬하는 데도 요령이 있다. 칭찬은 즉시, 공개적으로, 구체적으로 하는 것이 좋다. 자신의 첫인상을 묻는 사람에게 "좋아요!" 하고 추상적으로 대답하지 마라. 그 대신 "피부가 정말 좋으시네요." 하는 식으로 구체적으로 대답하면 듣는 사람은 훨씬 호감을 느끼게 된다.

 마지막으로 첫인상을 결정짓는 게 가장 중요한 것이 '인사' 라는 것을 잊어선 안 된다. 아무리 첫 만남에서 호감을 샀다고 하더라도 인사를 소홀히 한다면 도로아미타불이 되고 말 것이다. 호감을 끝까지 지키려면 반드시 인사를 잊지 말아야 한다.

Tip ★ 첫인상을 좋게 하는 방법

- 옷은 만남의 TPO(시간 · 장소 · 목적)에 맞게 입어라.
- 상대방의 눈을 보며 대화하라
- 만났을 때와 헤어질 때 반드시 악수를 하라.
- 악수할 때, 그리고 대화할 때 자주 미소지어라.
- 말하기보다 더 많이 들어라.
- 가식적인 모습은 피하고 진지한 모습을 보여라.
- 상대의 일과 취미 등에 대해 물어라.
- 아는 체 하기보다 모르는 척 물어보라.
- 대화할 때는 상대에게 집중하라.

인사만 잘해도 절반은 성공한다

우주의 모든 이치는 한 치의 오차도 없이 오직 한 사람,
바로 당신에게 향해 있다.
― 월트 휘트먼

"안녕하세요? 원피스가 정말 예쁜데요."
"좋은 아침! 오늘 좋은 일만 생길 것 같은데요."
　이런 인사말은 보편적이면서도 듣기 좋은 말이다. 또 하루 내내 기분을 좋게 해주는 말이기도 하다. 이런 상쾌한 기분은 타인에게도 전염이 된다. 결국 자신의 주위에 있는 모든 사람들을 행복하게 만드는 것이다.
　사람을 만나는 데에 있어서 가장 큰 영향을 미치는 것이 바로 '첫인상'이다. 심리학자들에 따르면 첫인상은 3분도 아닌 단 3초 만에 결정이 난다고 한다. 이 3초의 첫인상을 좌지우지하는 것이 바로 첫 만남에서의 '인사'라고 할 수 있다. 인사가 무엇보다 중요한 이유는 보이지 않는 경계를 풀고 대화 모드를 조성해주기 때문이다.

우리는 대화를 통해 서로를 조금씩 알아간다. 이때 느끼는 감정이나 생각은 평균 40시간 넘게 지속되며, 그대로 굳어지는 경우가 많다. 만약 좋지 않은 첫인상을 상대방에게 남겼다면 이를 바꾸기 위해선 배가 넘는 시간을 들여 상대의 관점을 돌려놓는 수고를 해야 한다.

항공사와 같은 서비스 산업에서는 최근 '이미지 메이킹'에 관심을 쏟고 있다. 한마디로 상대방과 장소와 때에 맞게 자신의 이미지를 만들 수 있는 사람이 이 시대에 성공하는 사람으로 주목 받을 수 있는 세상이 되었다는 뜻이다.

이미지 메이킹에서 무엇보다 중요한 것은 바로 인사이다. 모든 예절의 근본인 인사를 제대로 하지 않는 한 좋은 이미지를 상대에게 심어줄 수 없기 때문이다.

상냥하면서도 예의를 갖춘 인사는 상대방을 매료시키며 좋은 이미지를 심어준다. 사실 이미지 메이킹에 있어서 무엇보다 빼놓을 수 없는 부분이 바로 외모이다. 여기서 말하는 외모란 인기 스타처럼 수려하거나 조각 같은 외모를 말하는 것이 아니다. 물론 외모가 출중하면 금상첨화일 것이다. 하지만 이미지에서 외모를 결정하는 것은 바로 분위기이다. 같은 사람일지라도 그 사람이 풍기는 분위기에 따라 지적이고 고급스러운 사람이 될 수도 있고, 천박하고 갖추지 못한 인상을 남기게 될 수도 있다. 대부분의 사람들은 상대방의 마음을 알기 전에 먼저 겉모습을 본다. 따라서 첫 만남 때 건네는 인사가 실로 중요한 것이다.

아무리 좋은 물건일지라도 포장이 형편 없으면 가치가 떨어지게 마련이다. 인사를 제대로 하지 않는 사람은 형편 없는 포장지에 둘러싸여 있는 사람과 같다. 이런 사람은 결코 타인에게 좋은 인상을 심어주지 못한다.

내가 아는 후배는 타인과의 첫 만남이 가장 두렵다고 한다. 평소 소심한 그의 성격을 잘 아는 사람은 충분히 이해할 수 있지만 그를 모르는 사람들은 소심하다고 비아냥거릴 수도 있을 것이다.

몇 달 전 만난 그는 나에게 이렇게 물었다.

"선배, 어떻게 하면 처음 만나는 사람과 편하게 대화할 수 있을까요?"

나는 그 후배의 성격을 감안해 이렇게 말해주었다.

"쉬운 방법이 있지. 누군가를 처음 만났을 때 상대방보다 네가 먼저 미소 띠며 상냥하게 인사를 건네봐. 될 수 있으면 인사말도 덧붙이면 좋고. 그러면 상대방도 인사를 건넬 테고 자연스레 이야기를 할 수 있는 분위기가 될 거야."

내 말에 그는 반신반의하는 듯 했다. 그러나 일주일쯤 지났을 때 그에게 연락이 왔다.

"선배, 정말 신기한데요. 처음엔 별로 믿기지 않았는데 선배 말대로 해보니 정말 이젠 거부감이 없어요."

"그러게 옛말에 인사만 잘해도 절반은 성공한다고 하잖아."

사람들은 타인과의 첫 만남을 어색해하는 경우가 많다. 그러나 인사만 잘해도 이런 고민을 어느 정도 날려버릴 수 있다. 밝은 인사를 주고받으면서 절로 어색한 분위기가 사라지기 때문이다. 그래서일까, 인사성이 밝은 사람들은 성격도 쾌활할 뿐더러 사람 만나기를 꺼리지 않는다.

세상에서 가장 듣기 좋은 말은 바로 칭찬일 것이다. 『칭찬은 고래도 춤추게 한다』라는 책의 제목처럼 칭찬을 들으면 기분이 좋아지게 마련이다. 그렇기 때문에 인사말을 건넬 때 약간의 칭찬을 곁들인다면 관계가 훨씬 부드러워지는 것이다.

또 대화 중간이나 끝부분마다 틈틈이 칭찬을 곁들이는 것은 아이스크림 위에 딸기 시럽을 뿌려주는 것과 같다. 하지만 칭찬을 할 때 주의할 점이 있는데 바로 아무리 사소한 일일지라도 반드시 사실이어야 한다는 것이다.

이제 출근길에 만난 동료에게, 오랜만에 만난 친구에게 인사를 건넬 때 칭찬을 담은 인사말도 한마디 곁들여보자. 그러면 분명 자신은 물론 상대방까지 상쾌한 하루를 선물 받게 될 것이다.

매일을 그렇게 할 수 있다면 당신은 어느새 성공의 지름길에 들어서 있을 것이다.

7 다음 만남을 기약하는 인사

사람들은 자신이 하고 싶은 일을 할 수 없는 수천 가지의 이유를 찾고 있는데, 정작 그들에게는 그 일을 할 수 있는 한 가지 이유만 있으면 된다.
— 워릴스 R. 휘트니

"즐거운 시간이었습니다."
"바쁘신데 소중한 시간 내주셔서 정말 감사합니다."

무난하면서도 좋은 감정을 표현할 수 있는 인사이다. 무슨 일이든 시작과 마찬가지로 마무리 또한 중요하듯이, 사람들과의 만남에 있어서도 이번 만남이 유익하고 즐거웠음을 표현하는 인사를 하면 상대방에게 좋은 인상을 심어줄 수 있다.

나는 이 책을 쓰면서 사람들을 두 부류로 나눌 수 있었다.

하나는 깍듯한 인사로 만남을 시작하지만 대화나 용건을 마치고 났을 때 시작과는 달리 냉랭한 인사를 하는 부류이다. 또 다른 하나는 누군가를 만나 자리할 때와 마찬가지로 헤어질 때도 깍듯이 예를 차리는 부류라고 할 수 있다.

내 주위에도 첫 번째 부류와 같은 사람들이 몇몇 있다. 사실 그들이 예법을 몰라서 그런 것은 아닐 것이다. 다만 그동안 몸에 배인 그릇된 습관 탓이다. 자신도 모르게 상대방에게 실수 아닌 실수를 하는 것이다.

"매너가 경쟁력이다."라는 말이 있듯이 매너가 결여된 사람은 그만큼 경쟁력에서 밀릴 수밖에 없다. 앞에서도 언급했지만 모든 일은 시작과 마찬가지로 마무리 또한 절대 소홀히 해선 안 된다. 좋은 인상이 자칫하면 그릇된 마무리로 인해 변색될 수 있기 때문이다.

이와 달리, 두 번째 부류의 사람들은 어디를 가나 좋은 소리를 듣는다.

"저 친구 정말 괜찮은 사람이야." "인사성 하나는 알아줘야해." "인사성이 밝으니 인맥도 넓을 거야."

사람들에게 긍정적인 말을 듣는 사람은 정말 성공 가도를 달리게 된다. 내가 그동안 만나본 성공자들 또한 하나같이 주위 사람들로부터 좋은 평판을 듣고 있었다.

영업부 김 대리는 하루 중 반을 외부 거래처에서 보내는 편이다. 영업은 기본적으로 새로운 거래처를 개척하고 기존 거래처와의 관계를 유지하는 것이다. 그래서 오전부터 오후까지 이 거래처에서 저 거래처로 쳇바퀴 돌듯 하는 날이 많다.

하지만 김 대리는 업무가 힘들다고 생각해본 적이 단 한번도 없다. 오히려 지금처럼 어려운 시기에 자신이 할 수 있는 일이 있다는 것이 행복하게 느껴진다. 거래처 담당자들도 김 대리를 친절하게 대한다.

얼마 전 그는 한 거래처에서 경쟁사 영업부 직원과 마주쳤다. 그때 거래처 담당자는 평소 차갑기로 소문난 곽 부장이었다.

그날 곽 부장은 경쟁사 영업부 직원에게 이렇게 말했다.

"정말 미안하게 됐습니다. 이미 좋은 관계를 유지하는 거래처가 있어서요."

그리고 이렇게 덧붙였다.

"마침 여기 오셨네요. ○○사의 김 대리인데 저희 회사와 줄곧 거래하고 있습니다."

그날 김 대리는 곽 부장을 달리 보게 되었다. 곽 부장은 대화 중 뜬금없이 이렇게 묻는 것이었다.

"김 대리, 내가 왜 자네 회사와 계속 거래하는지 알아?"

"……."

"사실 아까도 봤겠지만 우리 회사와 거래를 트고 싶어하는 곳이 한두 군데가 아니야."

"……."

김 대리는 아무리 생각해도 곽 부장의 물음에 맞는 답을 찾을 수 없었다. 그래서 잠시 머뭇거리고 있을 때 곽 부장이 미소를 지으며 입을 열었다.

"그동안 여러 회사와 거래를 해봤는데, 자네가 가장 나아. 사람도 됐고."

"무슨 말씀이신지?"

"다른 사람들은 들어올 때는 인사를 제대로 하는데 나갈 때는 다시 안 볼 것처럼 하고서 간단 말야. 그땐 좀 씁쓸하지. 하지만 자네는 그렇지 않아. 그동안 쭉 지켜봤지만 사무실에 들어올 때와 마찬가지로 나설 때도 한 번도 건성으로 인사를 하는 적이 없었거든."

곽 부장은 이어서 말했다.

"기회가 된다면 공적인 일을 떠나 자네와 친해지고 싶네. 혹시 등산 좋아하는가?"

"네, 등산 아주 좋아합니다."

만남이 아름다우면 헤어짐도 아름답다는 말이 있다. 첫 만남을 두 번 세 번의 만남으로 이어가고 싶은가? 상대방에게 좋은 인상을 심어주고 싶은가? 왠지 끌리는 상대방을 내 편으로 만들고 싶은가? 그렇다면 만날 때와 마찬가지로 헤어질 때도 진심으로 마음을 담아 인사를 건네라! 분명 상대방은 좋은 관계를 유지하고 싶어 하는 당신의 마음을 알아줄 것이다. 상대방 또한 헤어질 대 깍듯이 인사를 하는 당신에게 호감을 느낄 것이다.

"다음엔 제가 저녁 한번 대접하겠습니다." "오늘 말씀 정말 고맙습니다."

이런 인사는 조금만 신경 쓴다면 누구나 쉽게 할 수 있다. 그러나 쉽게 할 수 있다고 해서 결코 그 효과를 사소하게 생각해선 안 된다. 이 짧은 인사에 대인관계의 열쇠가 숨어 있기 때문이다.

"결코 헤어질 때의 인사를 소홀히 해선 안 됩니다. 상대방에게 좋은 이미지는 물론 향기로운 여운을 남기는 것과 같으니까요."

자신의 분야에서 성공을 이룬 어느 기업가의 말이다. 모든 기회는 사람과 사람 사이에 있다고 해도 지나친 말이 아니다. 가슴에 새겨두라. 인사만 잘해도 성공한다!

타인에게 호감을 사는 전화 예절

"김 선배, 잘 지내죠? 안 그래도 선배가 궁금했는데……."
리더십 모임의 한 후배에게 전화를 걸면 그는 늘 반갑게 맞는다. 전화를 걸었을 때 들려오는 상냥한 목소리는 내 마음을 기쁘게 한다. 사실 요즘처럼 바쁜 일상 속에 서로 살갑게 연락을 주고받기가 쉽지 않다. 전화를 반갑게 받아주는 사람이 있다는 것은 행복한 일이 아닐 수 없다.
후배의 전화 매너는 여기서 끝이 아니다. 통화를 마칠 때까지 상대방을 배려하는 그의 마음이 여실히 전해진다. 전화 통화는 상대방의 얼굴을 볼 수 없기 때문에 즉각적인 응답이 없거나 목소리 톤이 달라지면 자칫 오해를 불러일으키기도 한다.
후배는 "아, 네." "그렇군요." "아, 그래요?" "그렇죠!" 등의 맞장구를 쳐 상대방이 편안하게 말을 할 수 있도록 배려한다.
우리의 생활에서 전화는 없어서는 안 될 물건이 되었다. 10년 전만 해도 한 가구에 한 대꼴이었지만 지금은 휴대전화의 보급 등으로 1인 1전화기 시대다. 이제 대부분 커뮤니케이션은 전화를 중심으로 이루어진다고 해도 지나친 말이 아니다.
비즈니스 사회에서 전화의 가치와 효용은 절대적이다. 그런데 전화는 상대방의 얼굴을 직접 보지 못하고 대화하는 단점이 있다. 때문에 예절에 있어 자칫 소홀하기 쉽다. 전화를 거는 방법이나 태도에 따라 실례가 되기도 하고 지나치면 상대방의 기분을 상하게도 한다.

특히 상담을 주 업무로 하는 경우에는 회사의 이미지를 팔고 있다고 해도 지나치지 않을 것이다. 전화를 어떻게 응대하느냐에 따라 회사의 이미지가 좌우될 수 있는 것이다.

얼마 전 우연히 텔레비전 채널을 넘기다가 홈쇼핑을 보게 되었다. 쇼호스트들은 온돌침대의 장점에 대해 설명하고 있었다. 마침 어머니 생신도 다가오고 해서 온돌침대를 사드릴까 해서 전화를 걸었다. 그 시간에 통화량이 많았던지 상담원과 연결이 되지 않고 계속 통화중이었다. 그런데 어렵사리 연결이 되었을 때 나는 또 한번 실망하고 말았다.

온돌침대의 가격이 결코 싸지 않았던 탓에 나는 상담원에게 몇 가지를 물었다.

"지금 방영되고 있는 상품을 구입하는 분들의 연령대가 어떻게 되나요?"

"다양한데요."

"그래요? 혹시 제 어머니께서 허리가 좋지 않으신데 괜찮을까요?"

그러자 상담원은 짜증 섞인 투로 말했다.

"지금 바쁘거든요. 주문하실 거예요? 안 하실 거예요?"

"……."

그 순간 나는 온돌침대를 구입하려던 마음이 싹 달아나버렸다. 이처럼 불친절한 회사의 제품을 구입했다가 이상이 생겼을 때 제대로 A/S나 받을 수 있을까 걱정이 앞섰기 때문이다.

이런 경험은 누구나 한번쯤 있을 것이다. 상담원에게 이런 불친절한 전화 응대를 받은 고객은 그 회사에 불쾌감을 가질 수밖에 없다. 따라서 전화 매너가 좋지 않은 상담원이 많은 경우 그 회사에 초래하게 될 손실은 눈덩이처럼 커지게 되는 것이다. 이는 겉으로 드러나지 않아서 그렇지 온몸에 서서히 암세포가 번지는 것과 다를 바 아니다.

전화를 거는 방법이나 받는 태도로 인하여 고객이나 상대방의 기분을 상하게 하는 것은 회사의 손실과 직결된다. 따라서 좋은 전화 응대를 하기 위해서는 자세를 바르게 하고, 상대방과 대면하고 있는 듯이 이야기하는 것이 중요하다. 전화는 직접적인 경비만이 아니라 고객의 귀중한 시간도 소비한다는 것을 늘 염두에 두어야 한다. 내가 상대방에게 전화를 걸었을 때 상대방은 전화를 받느라 급한 업무를 중단한 상태이거나 긴 이야기를 할 형편이 아닐 수도 있다는 것도 잊지 말아야 한다.

오래전 맥 라이언이 주연한 영화 「지금은 통화중」을 본 적이 있다. 이 영화는 전화 중독증에 빠져 있는 우리의 현실을 그대로 나타내주고 있다. 맥 라이언의 하루는 모닝콜로 시작해 하루 종일 전화에 시달리다 잠자리에 드는 것으로 끝이 난다. 전화 때문에 그녀의 생활은 즐겁고 행복하기보다 예기치 못한 일에 혼란스럽기만 하다. 운전 중에 걸려온 휴대전화를 받다가 앞차를 들이받고, 전화를 받다가 침대에서 굴러 떨어지기도 한다. 또 밤늦게 걸려온 전화에 뜬눈으로 밤을 지새기도 한다. 제목 그대로 전화는 그녀를 한시도 가만 내버려두지 않는다. 그녀는 전화 중독증 즉 전화 폐해로부터 벗어날 수 있는 방법이 전화 매너에 있음을 알지 못했다.
전화 예절을 알고 잘 지킨다면 문명의 이기가 주는 편리함은 이루 말할 수 없을 것이다. 어떻게 하면 호감을 사는 전화 예절을 갖출 수 있을까?
전화벨이 울리면 세 번 이상 울리기 전에 받는 것이 좋다. 자신의 신분을 분명히 밝힌 후 상대방이 누구인지 확인한다. 그런 다음 인사를 나눈 후 용건을 주고받으면 된다. 용건을 주고받을 때는 상황에 따라 메모를 하는 것이 상대방에 대한 매너이다.
만일 상대방이 누군가를 찾을 때는 "잠시만 기다려주세요. 자리로 돌려드리겠습니다." "잠시만 기다려주시겠습니까? 곧 연결해드리겠습니다." 하고 양해를 구한 후 연결해주는 것이 좋다.
상대방이 찾는 대상이 통화중일 경우에는 "지금 통화중입니다. 잠시만 기다려주시겠습니까?"라고 전하고, 만일 통화가 길어질 경우 "죄송합니다만 조금만 더 기다려주시겠습니까?" 하고 양해를 구하면 된다.
혹 상대방에게서 전해질 내용을 부탁받았을 때는 육하원칙에 따라 메모를 하는 것이 좋다.
찾는 대상이 자리에 없을 경우에는 "잠시 후 다시 하겠습니다." "돌아오시면 전화 부탁드린다고 전해주십시오." 하는 메모를 남기면 된다. 전화를 걸었다는 사실 등의 확인을 위해 되도록 전화를 받은 사람의 이름을 물어 기록해두는 것이 좋다.
통화 중에 상대방의 목소리의 감이 좋지 않을 때가 있다. 이때는 "전화기의 감이 먼 것 같습니다." "죄송하지만 다시 전화를 걸어주시겠습니까?" "조금 더 크게 말씀해주시겠습니까?"라고 정중히 부탁하는 것이 예의이다.

마지막으로 전화를 끊을 때는 "감사합니다."라고 인사말을 하고 먼저 상대방이 끊은 것을 확인하고 나서 수화기를 살짝 내려놓아야 한다.

사람들은 누구나 성공하기를 원한다. 그렇다면 상대방과 호감을 주고받으며 원만한 관계를 유지해야만 한다. 인사는 한 사람의 품격을 나타내는 중요한 요소라고 할 수 있다. 모든 커뮤니케이션과 만남의 시작이 인사로부터 비롯되기 때문에 인사를 단지 형식이나 겉치레 정도로만 생각하는 어리석음을 범하지 말아야 한다. 마음이 담긴 인사만이 가슴 깊이 전달될 수 있다.